Sommaire

Les réalisations

Quelques conseils avant de commencer

Le matériel et les fournitures

La toile à broder

- Pour la broderie traditionnelle, et plus particulièrement les points spéciaux, la finesse de la toile utilisée est très importante. Les points spéciaux se brodant très souvent sur 4, 6 ou 8 fils, plus la toile sera fine, plus les points seront mis en valeur. Il est donc conseillé d'utiliser uniquement de la toile de lin ou de l'étamine de coton (toile unifil). Couramment, le nombre de fils au cm est de 10, 11, 12 ou 14. Une toile de lin de 14 fils au cm est plus difficile à travailler mais donnera un rendu d'une finesse incomparable.

Les aiguilles à broder

- Les aiguilles pour le point de croix sont assez courtes, avec un bout rond, et possèdent un chas assez large pour éviter que le fil ne s'abîme. Elles existent dans différentes tailles : plus le numéro est élevé, plus l'aiguille est courte et fine. Pour broder le point de croix sur une toile fine, on choisira une aiguille avec un chas plus fin, pour ne pas marquer le tissu. Pour broder les points spéciaux, sur une toile à tissage très serré comme ce sera souvent le cas ici, on utilisera une aiguille à bout pointu n° 8, qui pénétrera plus facilement dans la toile, sans l'abîmer.

Les fils à broder

- Le coton mouliné de DMC est le plus utilisé. C'est un fil composé de 6 brins qui se séparent : on peut ainsi broder avec 1 ou 2 brins selon l'effet désiré. Il se décline en une multitude de coloris grand teint. Pour le travailler, tirer doucement sur l'extrémité libre de l'échevette et couper une longueur d'environ 50 cm, puis tirer un à un les brins nécessaires.
- Les fils métallisés sont brodés avec de courtes aiguillées car ce fil plus fragile a tendance à s'abîmer en passant dans la toile.
- Certains ouvrages sont brodés également en utilisant de la soie (Au Ver à Soie), ou du fil de viscose Marlitt d'Anchor (particulièrement brillant), pour un rendu plus raffiné ou original.

La préparation de l'ouvrage

La lecture d'une grille

- Les diagrammes au point de croix peuvent être :
  - en noir et blanc avec des symboles seuls,
  - en couleur uniquement,
  - en couleur avec des symboles, comme nous avons choisi de vous les présenter dans ce magazine.
- Chaque carré du diagramme représente un point à broder sur un carré de toile.
- Pour les points spéciaux, se référer au nuancier. Les points sont expliqués dans la partie technique en début de magazine.
- Chaque diagramme comporte un tableau de coloris indiquant la correspondance entre la couleur des fils et les types de points d'un côté, et les couleurs et symboles de l'autre côté.
- Les lignes en gras scandent chaque dizaine de carreaux et permettent de compter plus rapidement le nombre de points d'un motif.

Les essais préalables

- Il est vivement conseillé de broder quelques points au préalable sur une chute du tissu que l'on pense utiliser, afin de s'assurer que le rendu est optimal. Cet essai permet de vérifier l'adéquation entre la toile, la taille de l'aiguille, la taille des points et le nombre de fils. Il permet également d'être conforté dans le choix des couleurs.

L'enfilage de l'aiguille

- Un enfile-aiguille facilite la tâche et permet de venir à bout d'un chas très étroit.
- La méthode de la boucle facilite aussi l'enfilage : faire une boucle à quelques centimètres de l'extrémité du fil. Glisser cette boucle autour du chas de l'aiguille et tirer pour tendre le fil. Glisser cette boucle autour du chas de l'aiguille et l'enfiler dans le chas au niveau de la pliure. Cette technique évite que l'extrémité du fil ne s'effiloche.

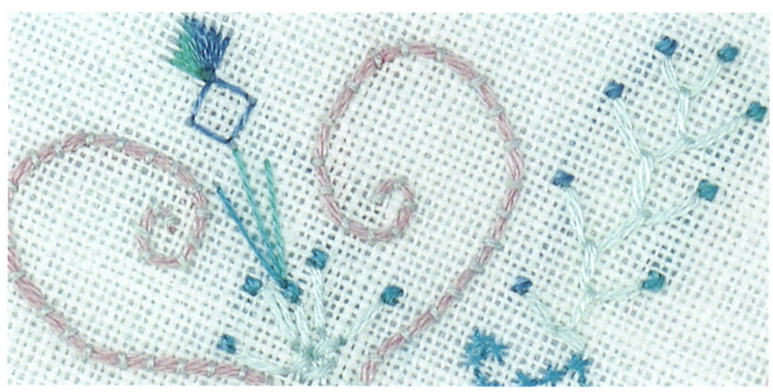

Comment démarrer et terminer une aiguillée ?

- Deux méthodes permettent de maintenir les premiers points en place sur l'envers du tissu.
- La première consiste à passer l'aiguille de l'envers sur l'endroit du tissu, en laissant environ 2,5 cm de fil sur l'envers. Cette extrémité sera ensuite maintenue et dissimulée sous les points suivants.
- La seconde peut être utilisée uniquement pour des nombres de brins pairs. Si l'on brode avec 2 fils, couper un brin mesurant deux fois la longueur de l'aiguillée souhaitée (100 cm pour une aiguillée de 50 cm). Plier ce fil en deux et introduire ses deux extrémités dans le chas de l'aiguille. Piquer ensuite l'aiguille de l'envers vers l'endroit au niveau du premier point de broderie, tout en laissant une boucle sur le dessous de l'ouvrage. Faire repasser l'aiguille sur l'envers en la glissant dans la boucle et tendre le fil.
- Pour arrêter le fil, passer l'aiguille sous l'envers de plusieurs points et couper au ras de la toile.

L'entretien d'une broderie

Le lavage

- Le travail de broderie terminé, laver l'ouvrage à la main à l'eau tiède avec un détergent doux. Pour un lavage en machine, utiliser également un détergent doux et protéger l'ouvrage par une enveloppe en tissu.

Le séchage

- Rouler la broderie dans une serviette propre et presser délicatement pour éponger le plus d'eau possible. Placer la broderie à l'envers sur une serviette épaisse et la laisser sécher à plat. Si l'on souhaite accélérer le séchage de l'ouvrage, il est possible de le recouvrir d'une autre serviette et de repasser ainsi l'ensemble.

Le repassage

- Repasser l'ouvrage lorsqu'il est encore légèrement humide. Il est préférable de repasser une broderie sur l'envers et sur une surface molletonnée ou sur une serviette de toilette afin que les points conservent leur relief.

Les points de broderie

Points de croix

Point de croix sur 1 fil

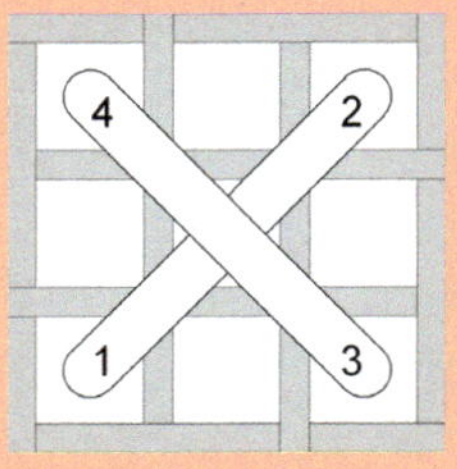

Point de croix sur 2 fils

Demi-point de croix sur 2 fils

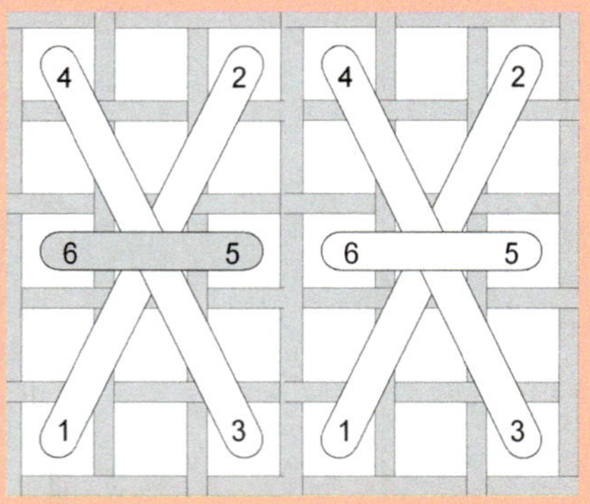

Point de croix allongé rebrodé sur 2 fils (version n° 1)

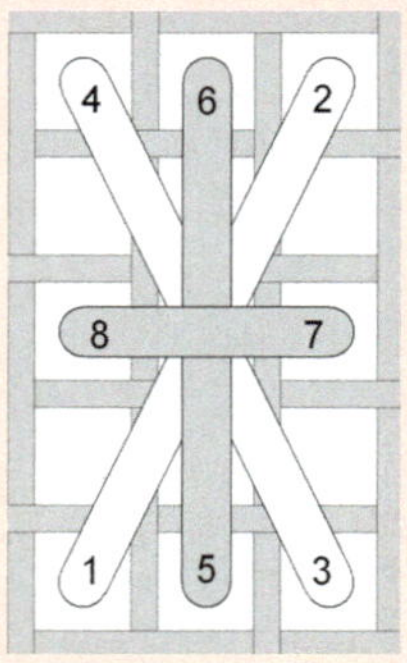

Point de croix allongé rebrodé sur 2 fils (version n° 2)

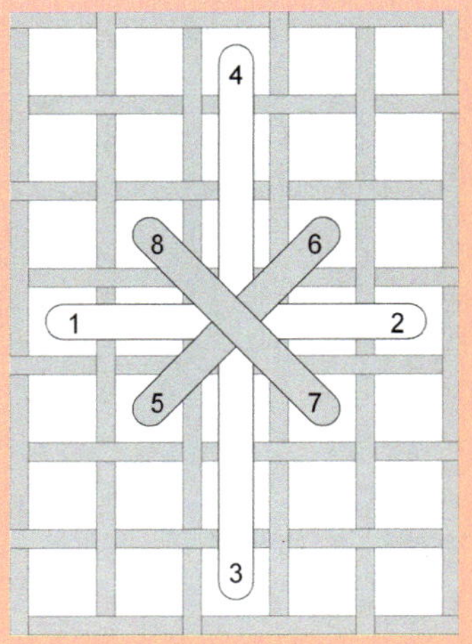

Point de croix contrarié sur 4 fils (version n°1)

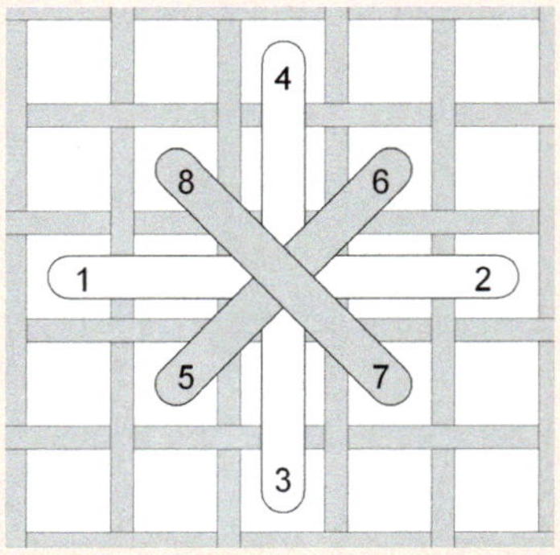

Point de croix contrarié sur 4 fils (version n° 2)

Point arrière

Point arrière sur 2 fils

Point de trait ou point lancé

Point de nœud

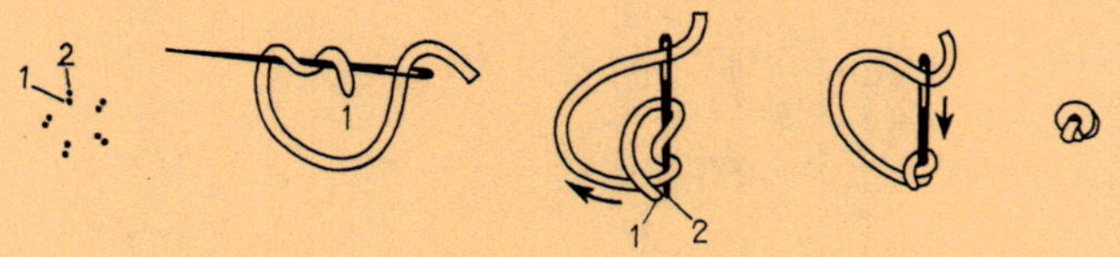

Points de Rhodes

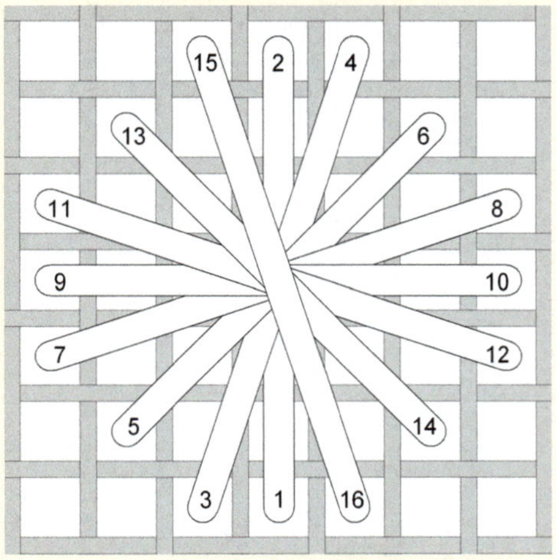

Point de Rhodes arrondi sur 6 fils

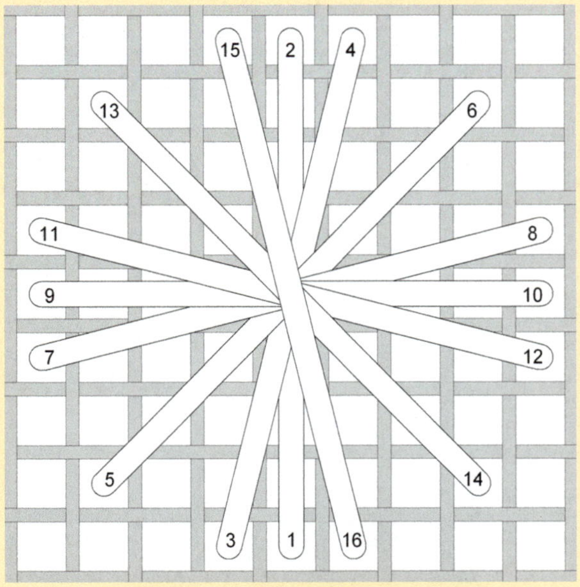

Point de Rhodes simple arrondi sur 8 fils

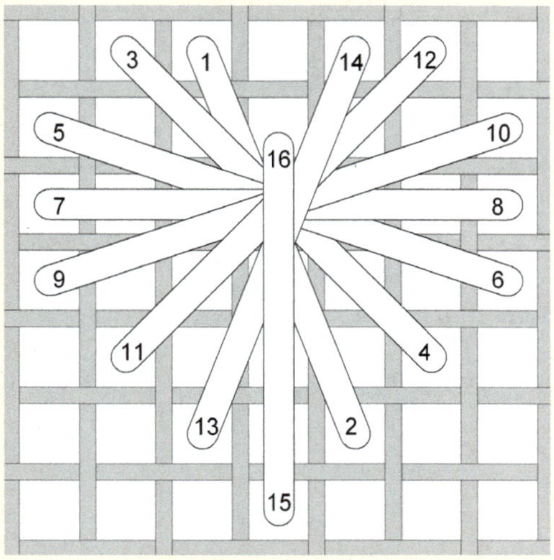

Point de Rhodes en cœur sur 6 fils

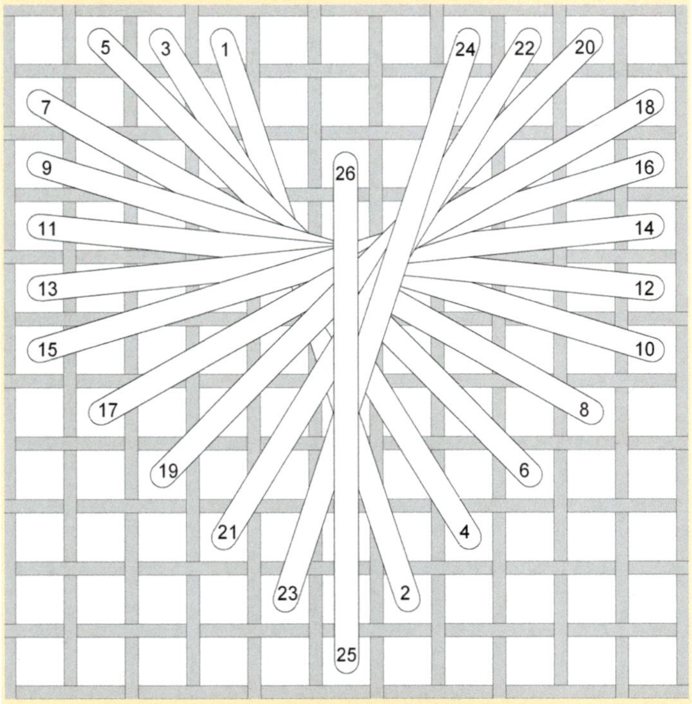

Point de Rhodes en cœur sur 10 fils

Les points de broderie (suite)

Quarts d'œillet

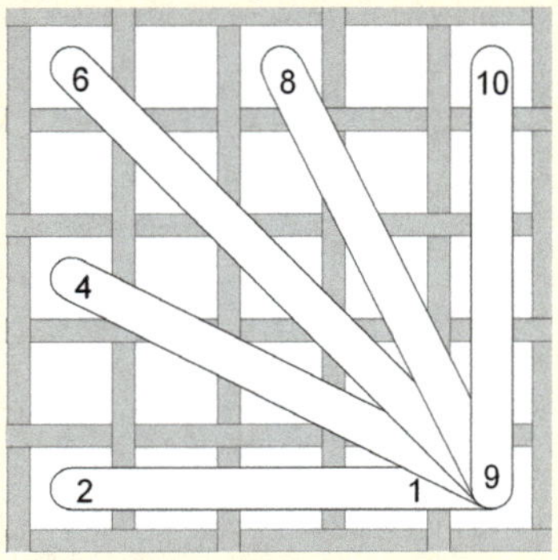

Quart d'œillet sur 4 fils

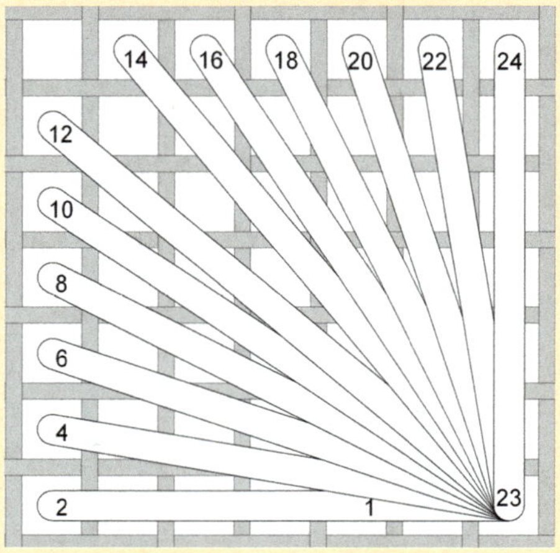

Quart d'œillet sur 6 fils

Point d'éventail

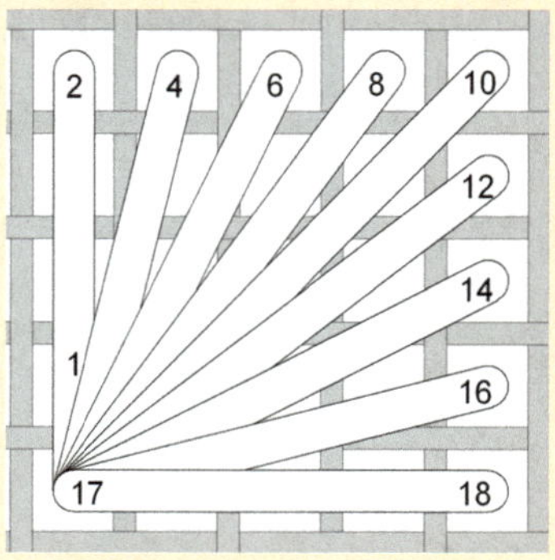

Point d'éventail sur 4 fils

Points d'œillet

Point d'œillet sur 4 fils

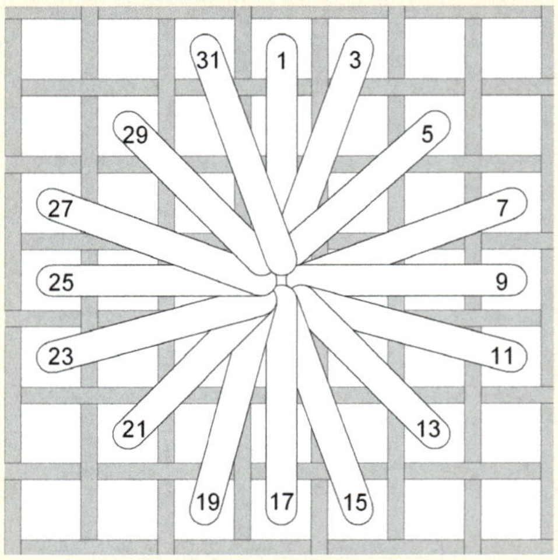

Point d'œillet arrondi sur 6 fils

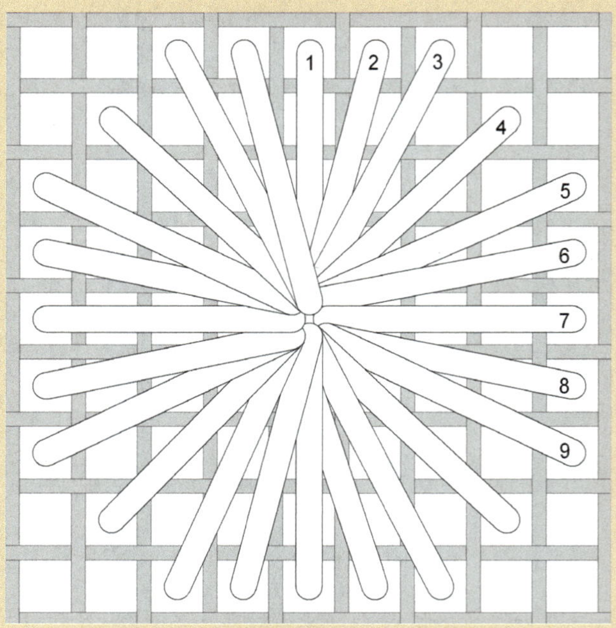

Point d'œillet arrondi sur 8 fils

Points d'œillet algérien

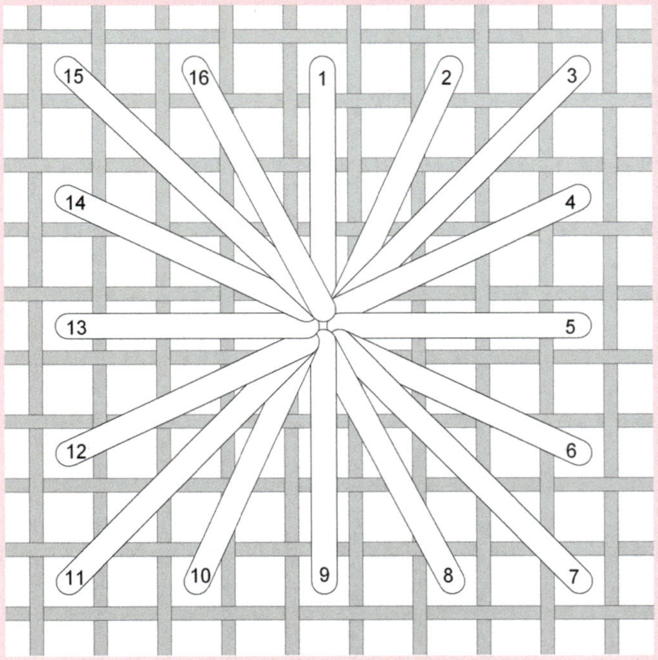

Point d'œillet algérien sur 8 fils

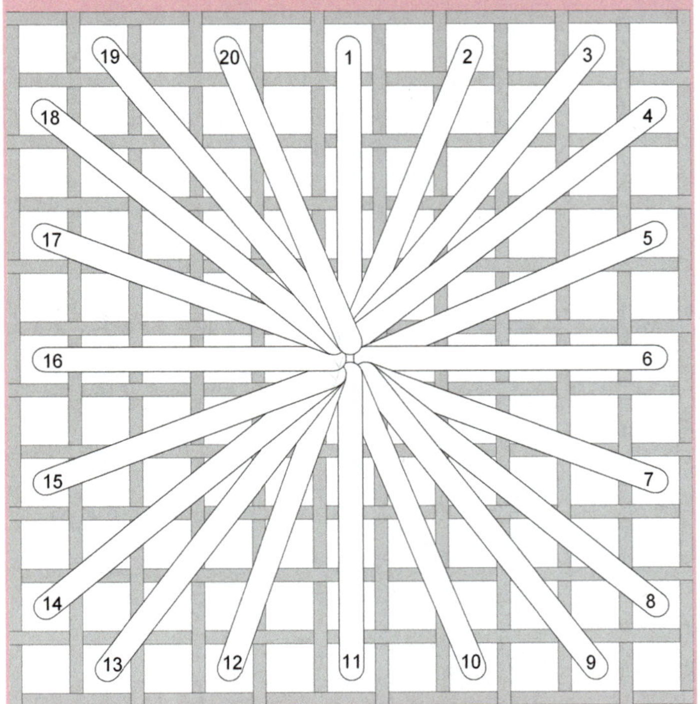

Point d'œillet algérien sur 10 fils

Points de satin

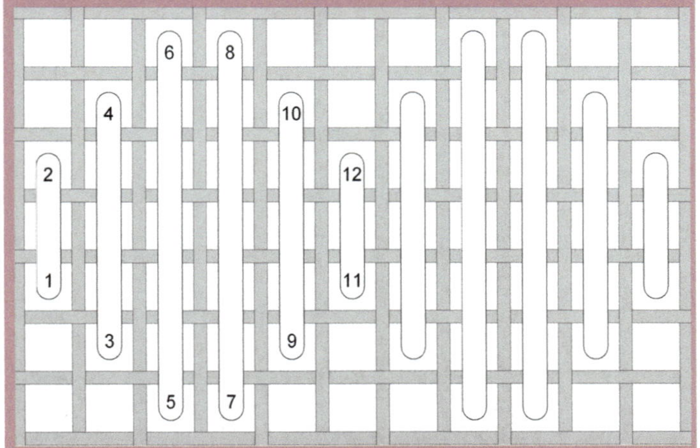

Point de satin fantaisie sur 4 fils

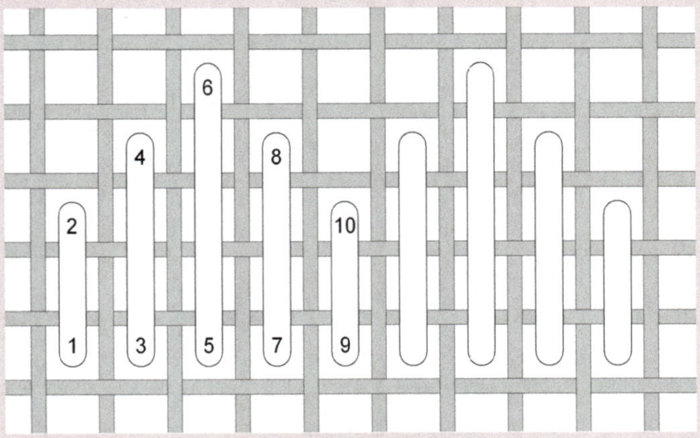

Point de satin crénelé sur 4 fils

Les points de broderie (suite)

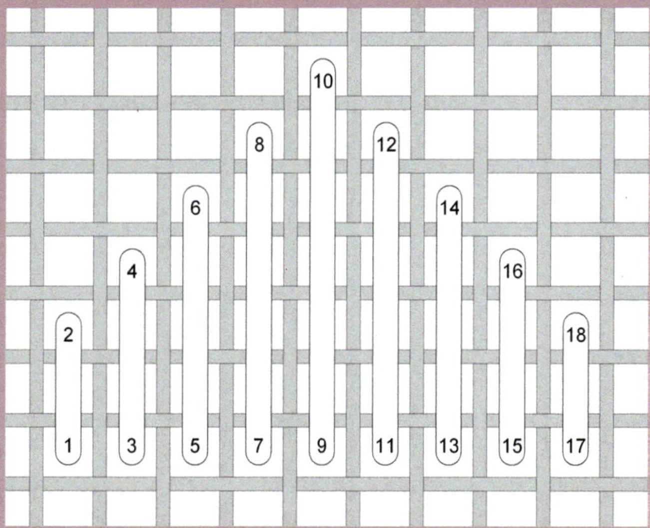

Point de satin crénelé sur 8 fils

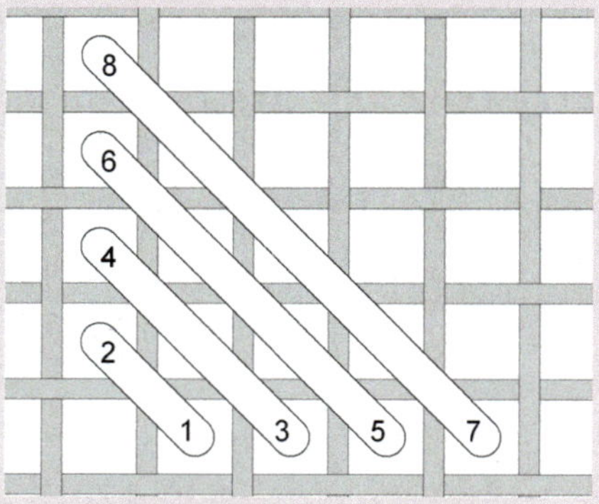

Point de satin en diagonal sur 4 fils

Point de satin en diagonal sur 8 fils

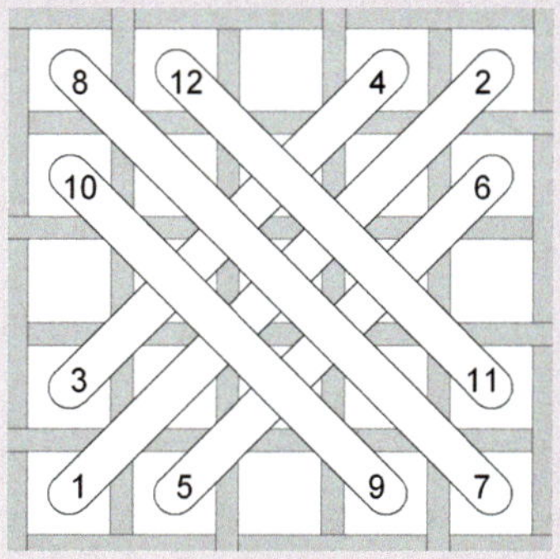

Point de satin croisé sur 4 fils

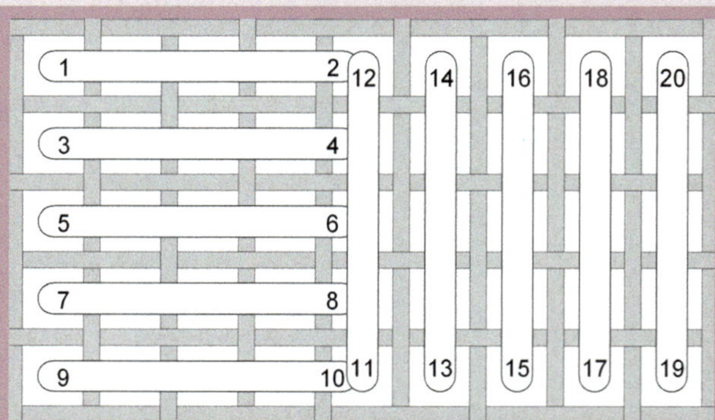

Point de satin carré inversé sur 8 fils

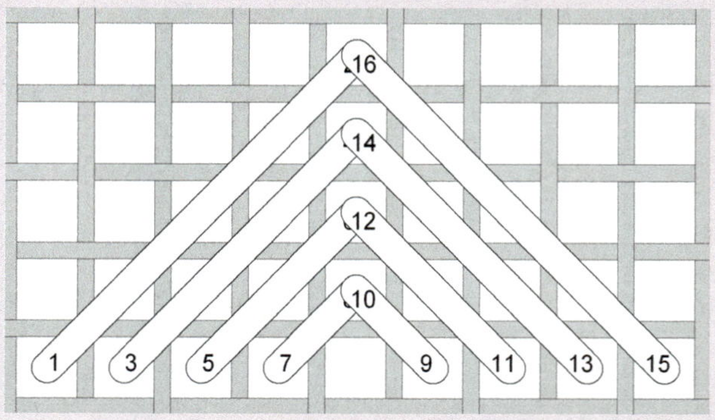

Point de satin en pointe sur 8 fils

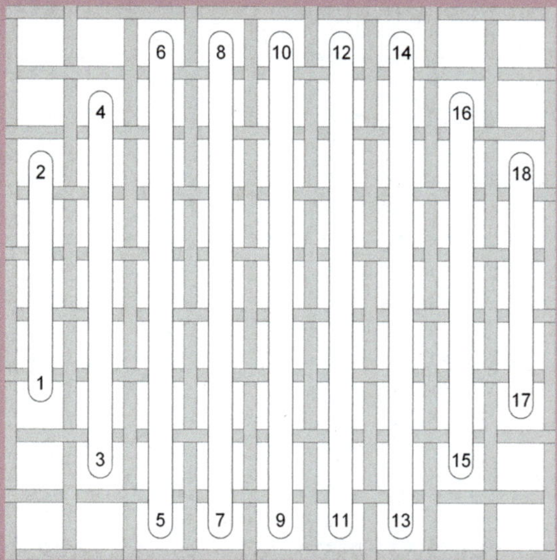

Point de satin rond sur 8 fils

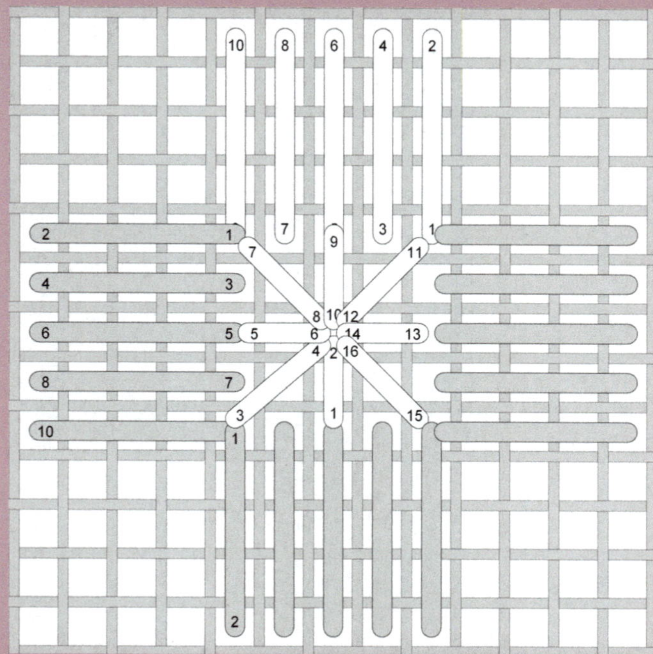

Point de satin en croix sur 12 fils avec point d'œillet sur 4 fils

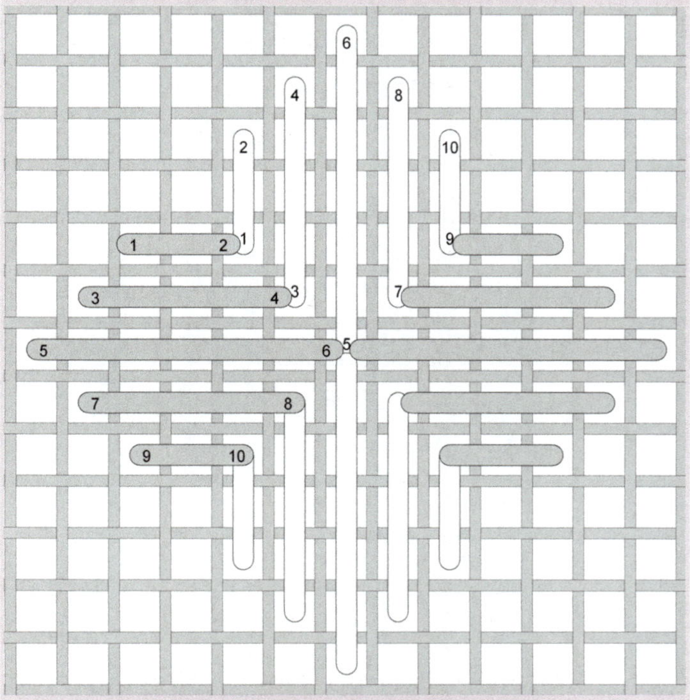

Point de satin en diamant sur 12 fils

Points de Smyrne

Point de Smyrne sur 2 fils

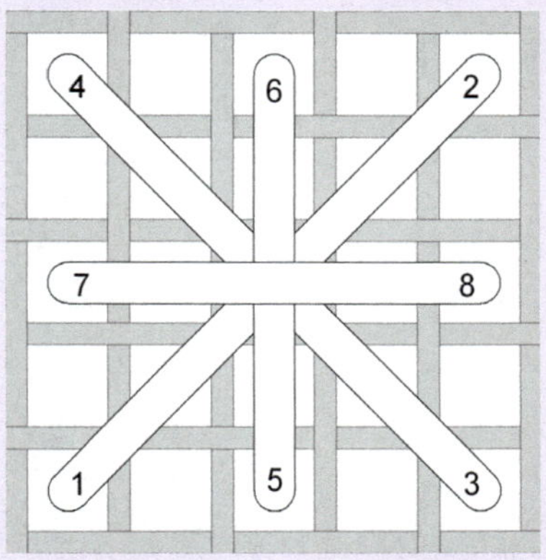

Point de Smyrne simple sur 4 fils

Les points de broderie (suite)

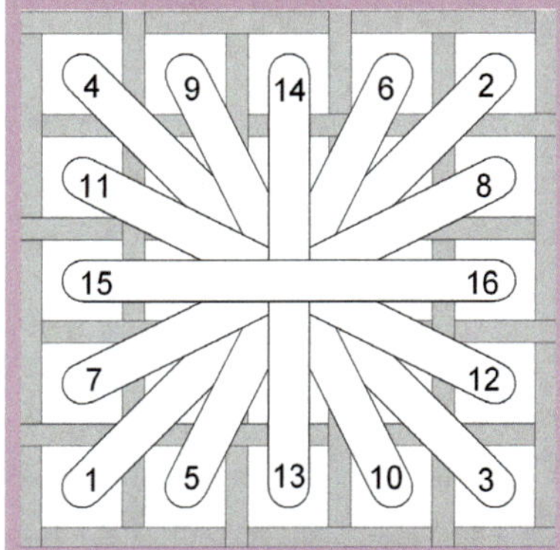

Point de Smyrne sur 4 fils

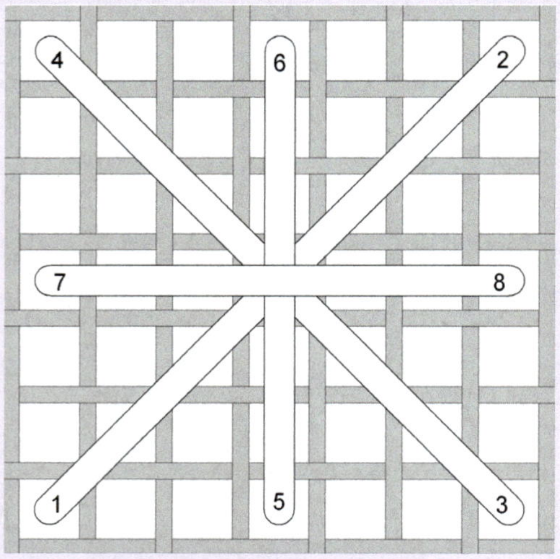

Point de Smyrne simple sur 6 fils

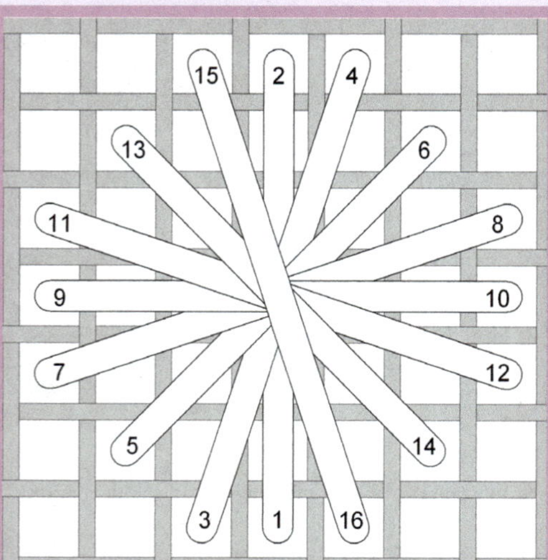

Point de Smyrne croisé sur 6 fils

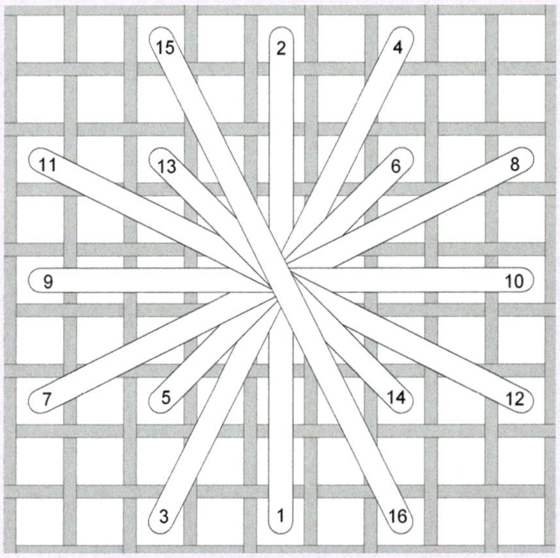

Point de Smyrne croisé sur 8 fils

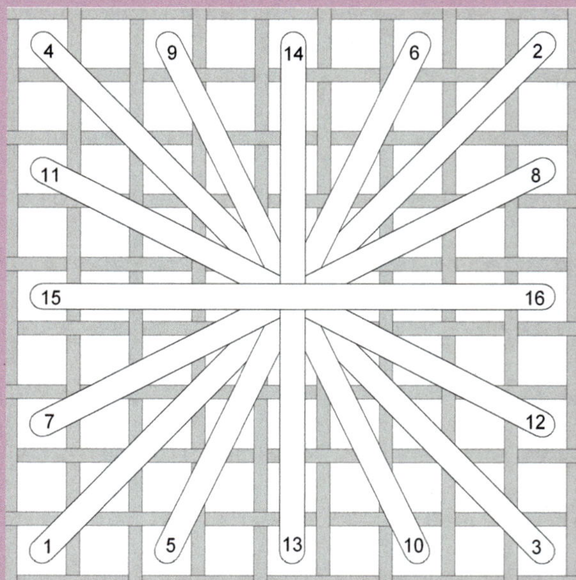

Point de Smyrne sur 8 fils

Points de chausson

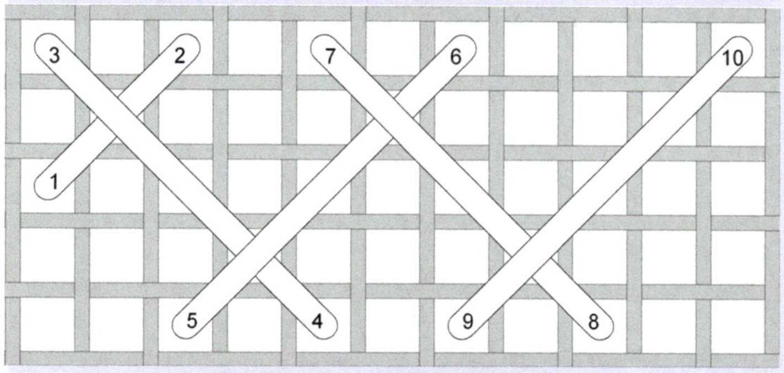

Point de chausson sur 4 fils

Point de chausson sur 6 fils

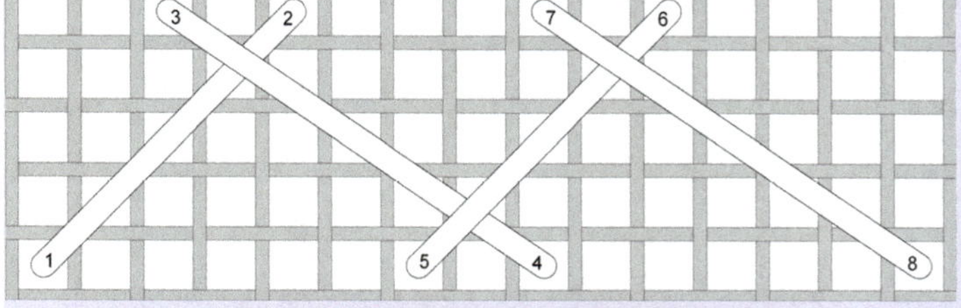

Point de chausson sur 8 fils

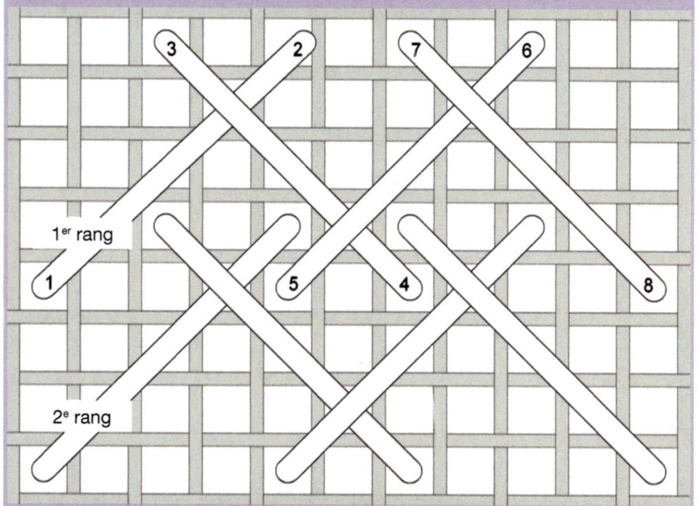

Point de chausson double sur 6 fils

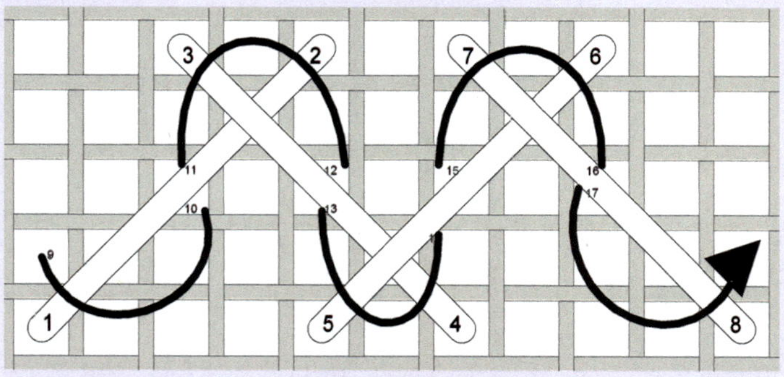

Point de chausson rebrodé sur 6 fils

Point breton

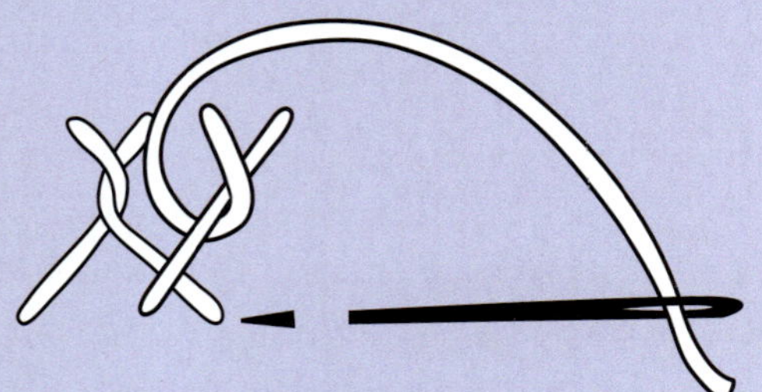

Le point breton se brode comme le point de chausson (voir ci-dessus), mais il suffit d'enrouler le fil avant de repiquer l'aiguille.

Les points de broderie (suite)

Points lancés

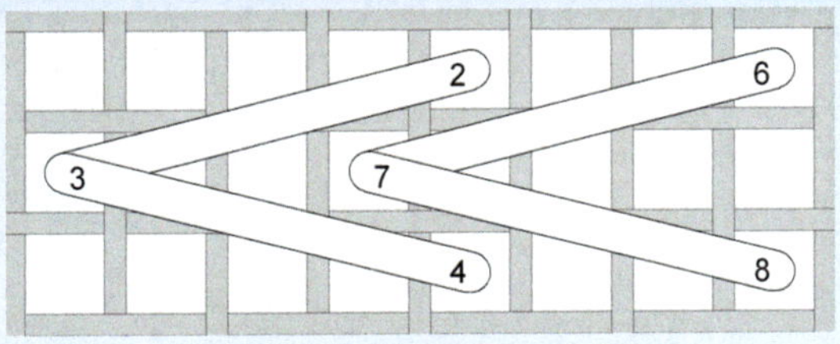

Point lancé en flèche sur 4 fils (version n°1)

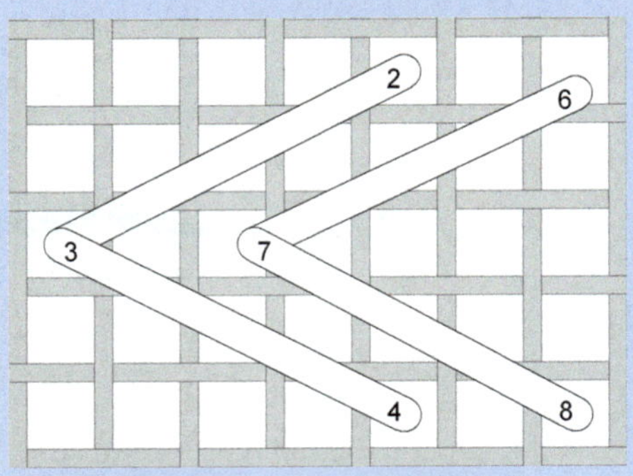

Point lancé en flèche sur 4 fils (version n°2)

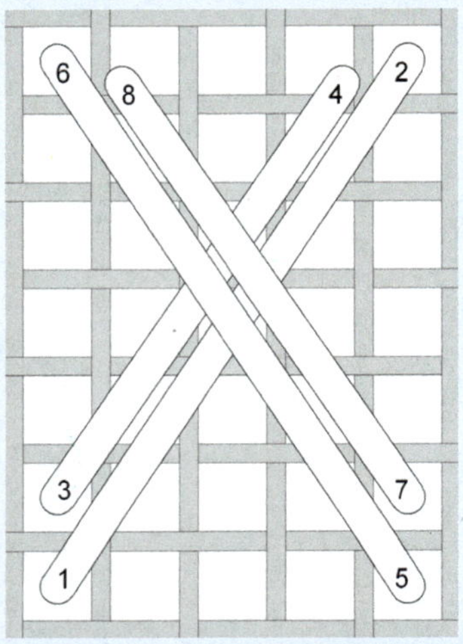

Point lancé en croix sur 4 fils

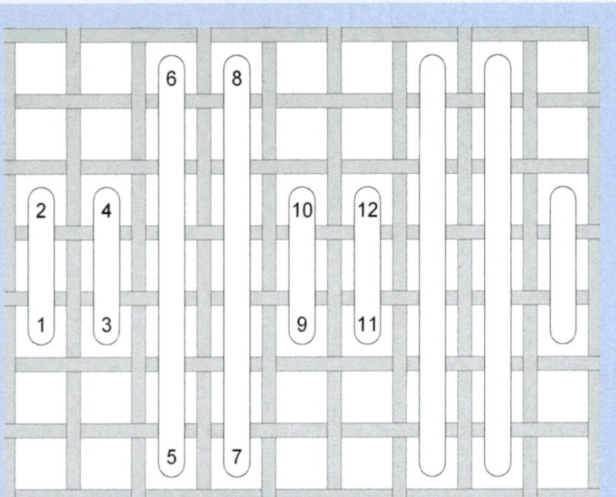

Point lancé fantaisie sur 5 fils

Points d'araignée

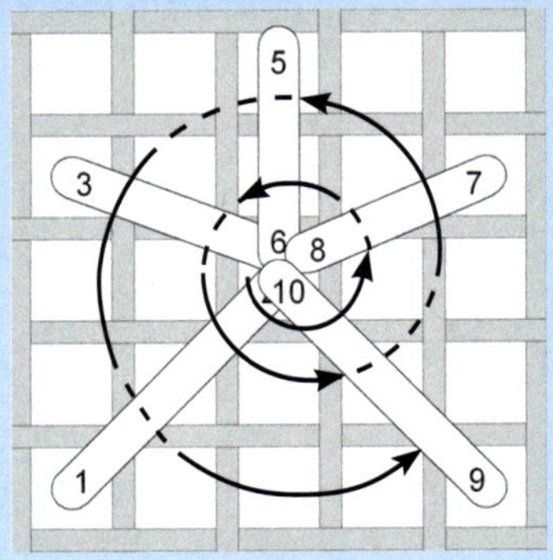

Point d'araignée sur 4 fils

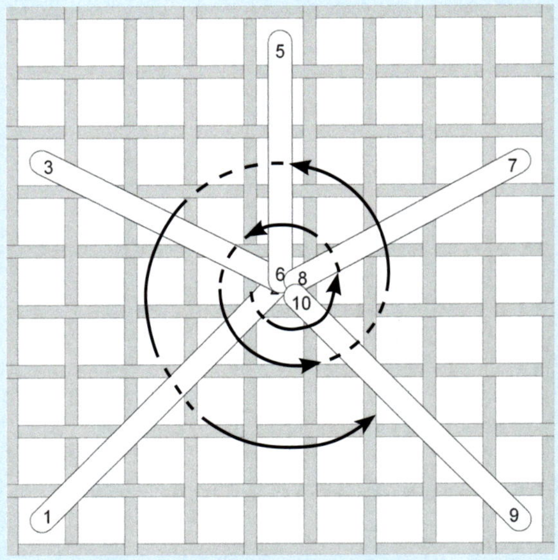

Point d'araignée sur 8 fils

Points de diamant

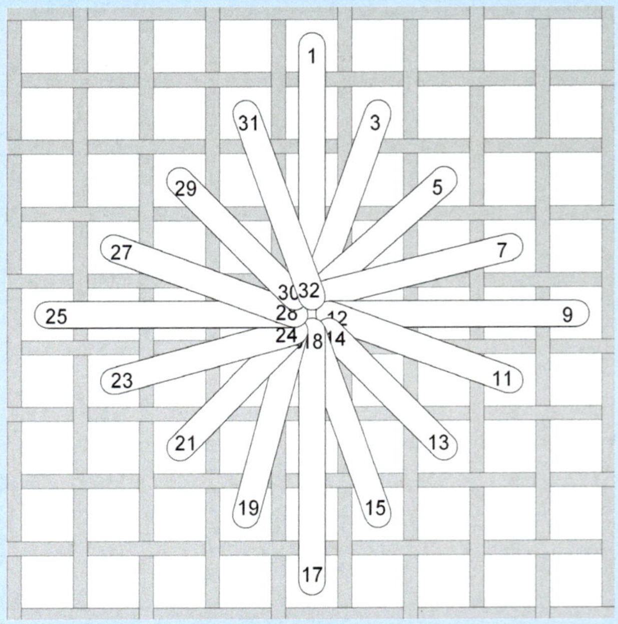

Point de diamant sur 8 fils

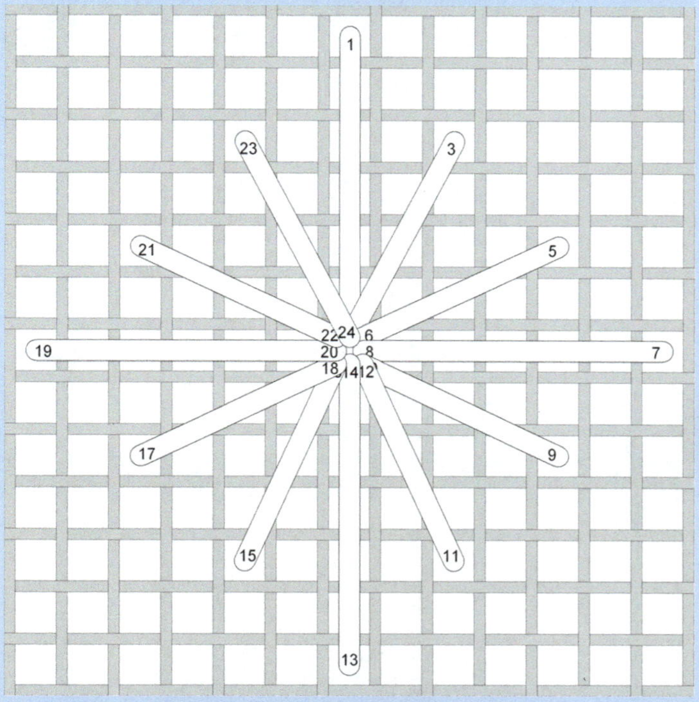

Point de diamant sur 12 fils

Points rayonnants

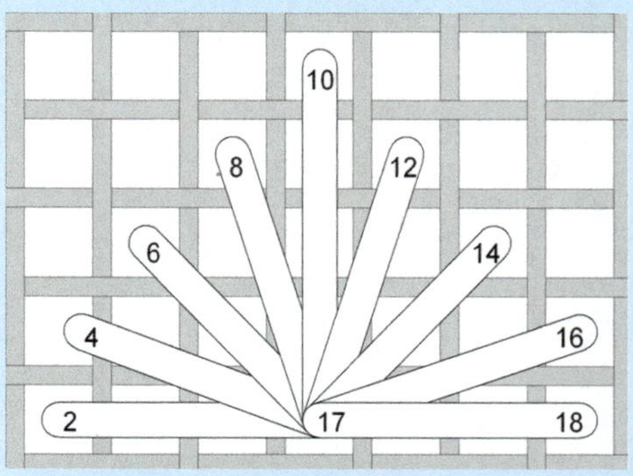

Point rayonnant sur 6 fils

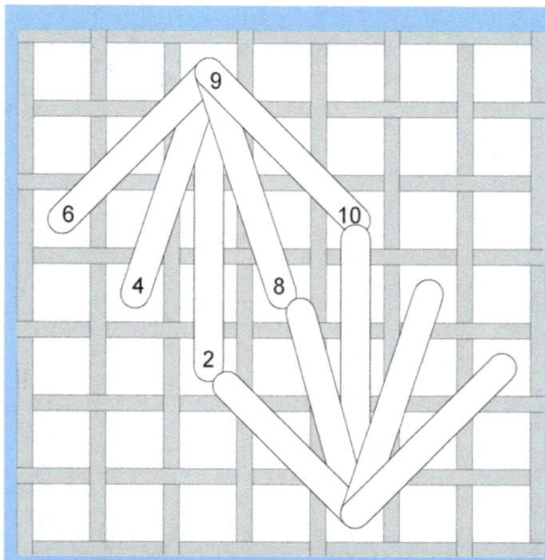

Point rayonnant contrarié sur 6 fils

Points de bourgeon

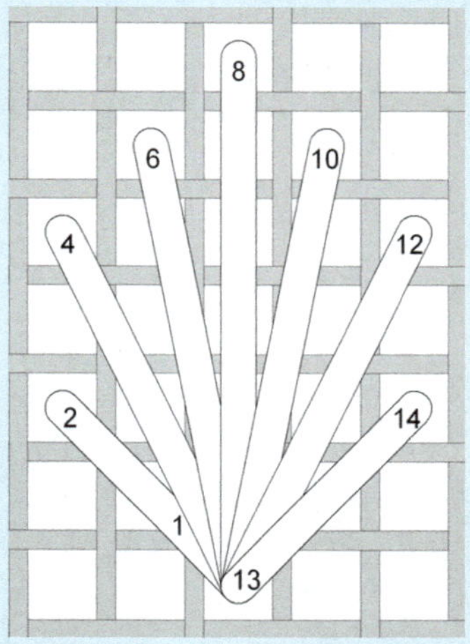

Point de bourgeon sur 6 fils

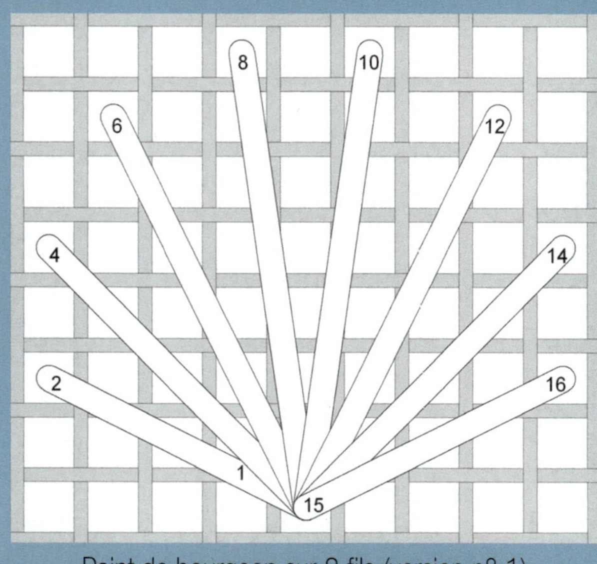

Point de bourgeon sur 8 fils (version n° 1)

Les points de broderie (suite)

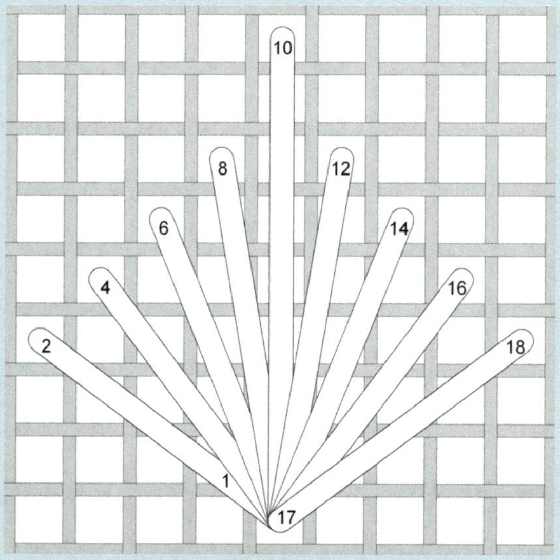

Point de bourgeon sur 8 fils (version n° 2)

Points de riz double

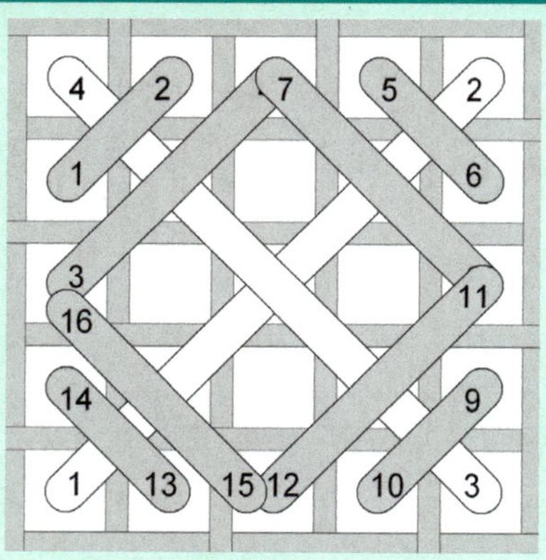

Point de riz double sur 4 fils

Point de riz double rebrodé sur 8 fils

Point de Pékin

Point de flèche

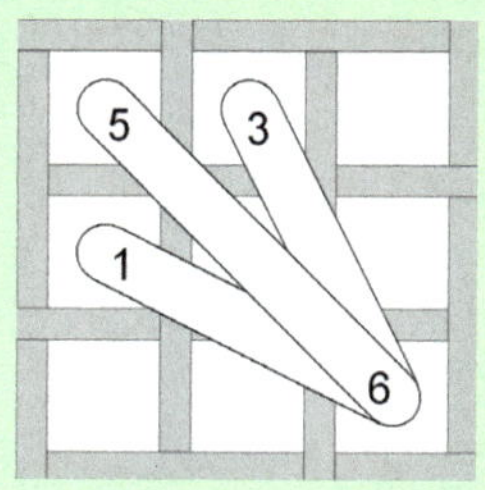

Point de flèche
sur 2 fils

Point de chevron

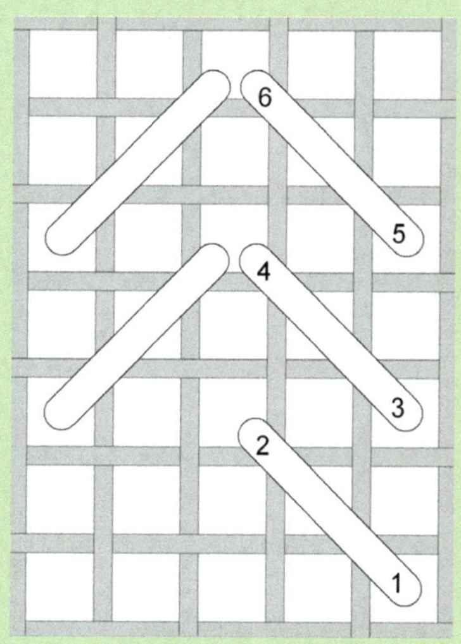

Point de chevron sur
4 fils

Point de bouclette

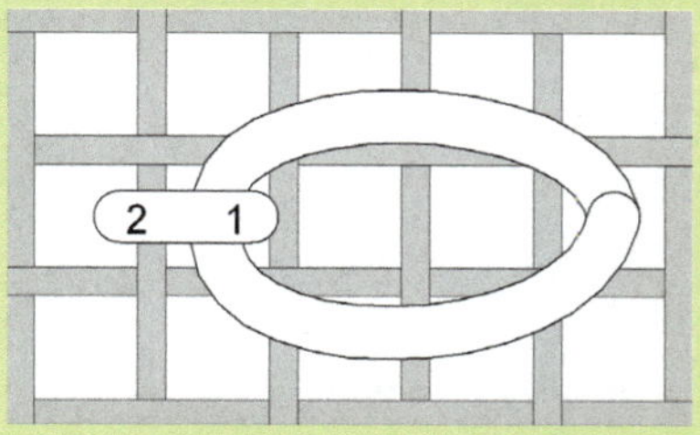

Point de bouclette sur 4 fils

Point d'étoile

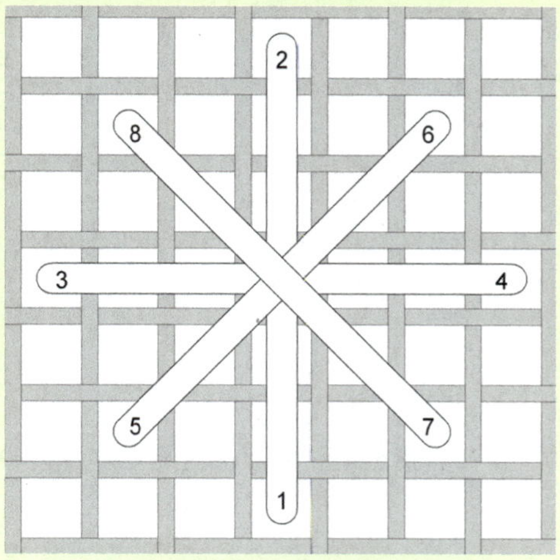

Point d'étoile sur 6 fils

Point quadrillé

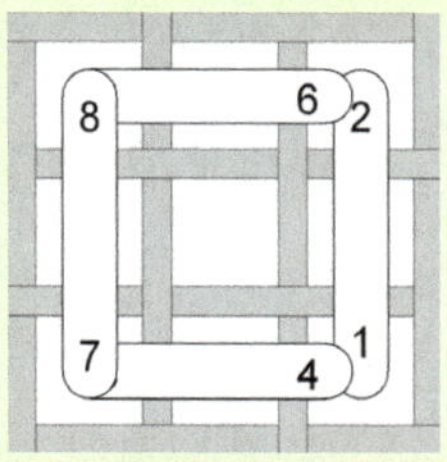

Point quadrillé sur 2 fils

Point de coussin

Point de coussin croisé inversé sur 9 fils

Point de feuille

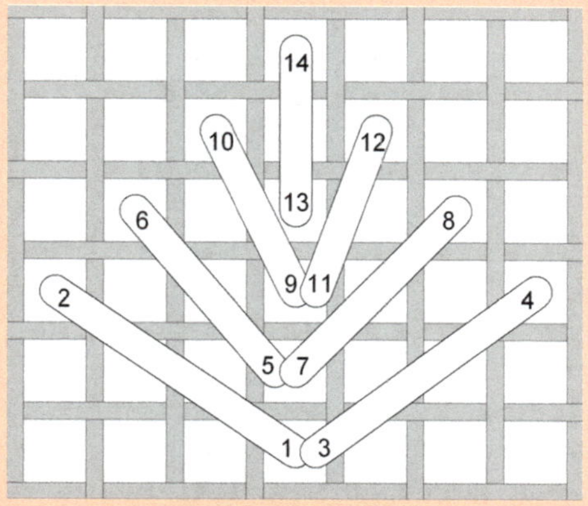

Point de feuille sur 6 fils

Point de couchure

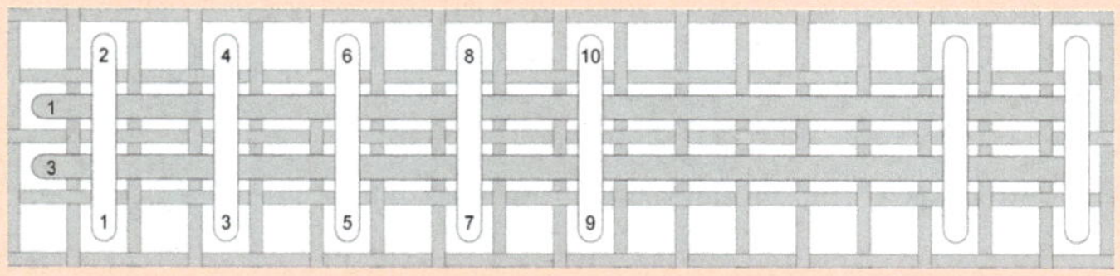

Point de couchure sur 9 fils

Point d'Assise

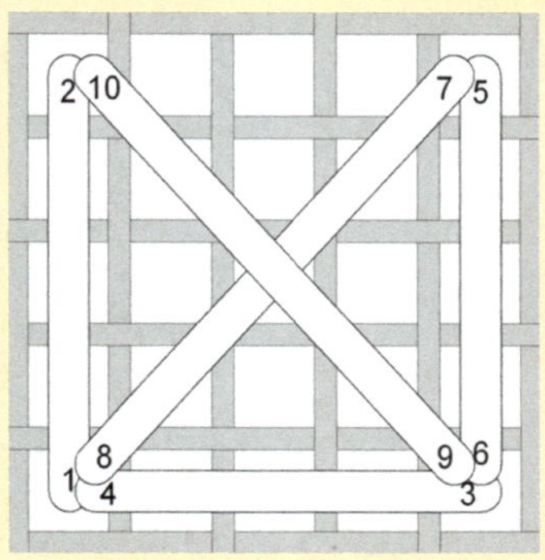

Point d'Assise sur 4 fils

Les points de broderie (suite)

Point de poste

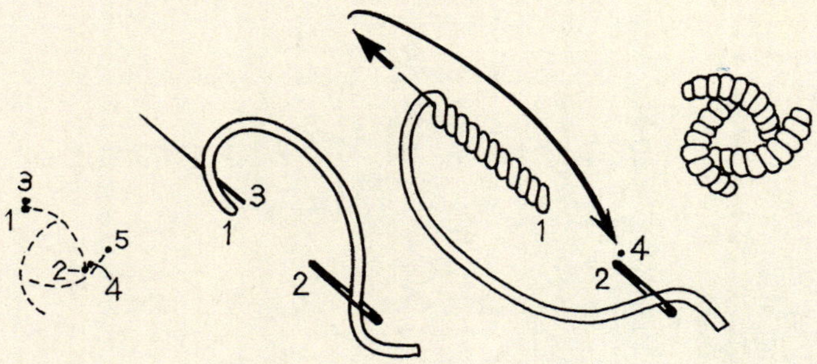

Point de Boulogne

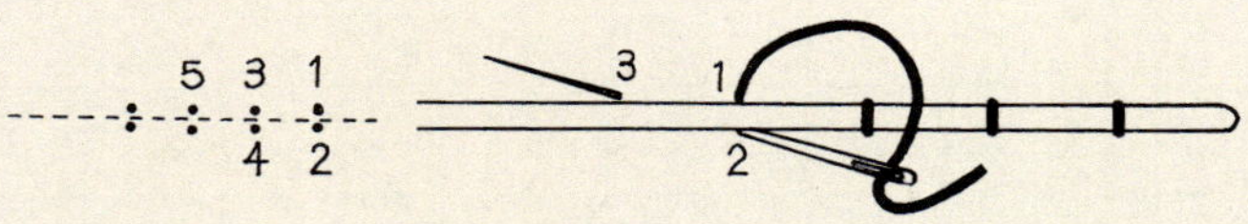

Point d'épine

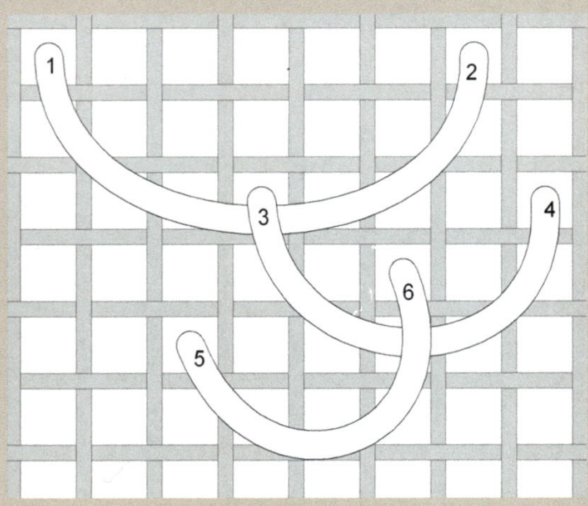

Point d'épine sur 6 fils

Point fantaisie

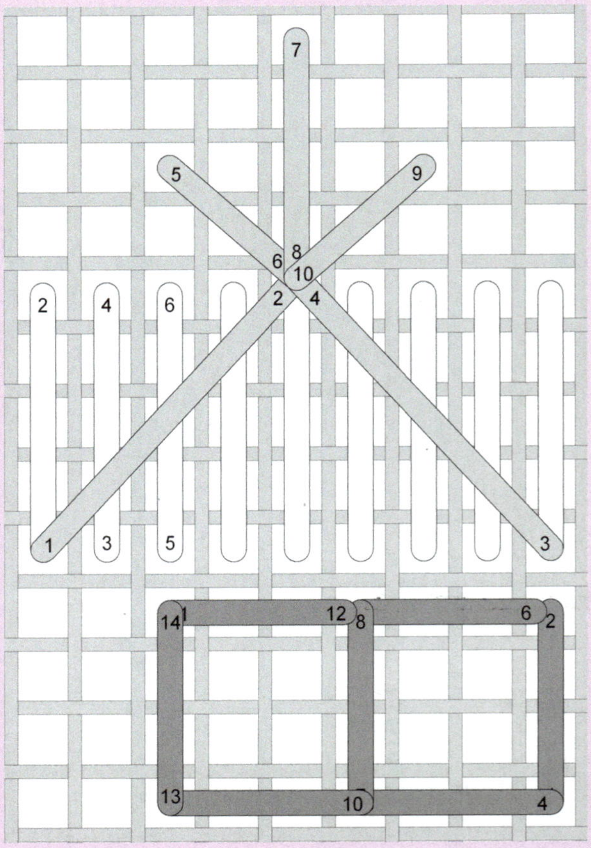

Point fantaisie sur 8 fils

Point de Grébiche

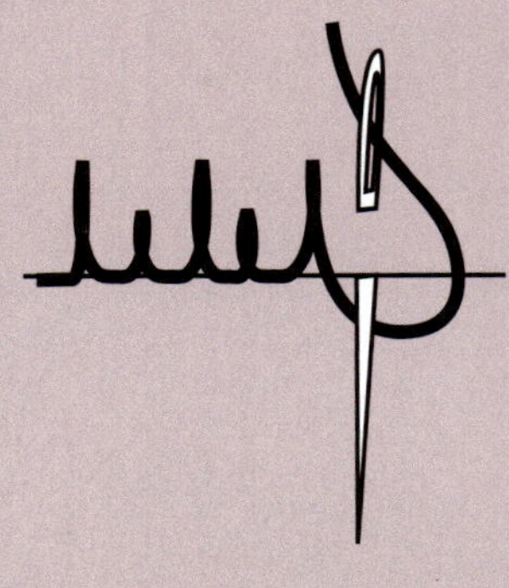

Les bonnes adresses

Anchor
Ets. STEINER Frères SAS
100 avenue du Général de Gaulle
18500 Mehun sur Yèvres
Tél. 02 48 23 12 30
Fax : 02 48 23 12 40

Au Ver à Soie
102 rue Réaumur
75002 Paris
Tél. 01 42 33 52 92
www.auverasoie.com
Liste des revendeurs sur demande

DMC France
5 avenue de Suisse
BP 89
68314 Illzach Cedex
Tél. 03 89 31 91 89
www.dmc.com
Liste des revendeurs sur demande

Entrée des Fournisseurs
8 rue des Francs-Bourgeois
75003 Paris
Tél. 01 48 87 58 98
www.entreedesfournisseurs.com

Graziano
Fratelli Graziano fu Severino
Via Martiri della Libertà 96
13888 Mongrando
(Biella) – Italie
Tél. 00 39 015 666 122
postmaster@graziano.it
www.graziano.it
Liste des revendeurs sur demande

PSR Quilt
8 rue Tour-des-Fossés
89380 Appoigny
Tél. 03 86 53 05 05
www.psrquilt.fr

Zweigart & Sawitzki
Fronäckerstr. 50
D-71063 Sindelfingen
vente@zweigart.de
www.zweigart.de
Liste des revendeurs sur demande

TROIS PETITS COUSSINS

Création Sylvie Tonnelier

Ce trio de charme vous permettra de vous initier en douceur aux points spéciaux, tout en parfumant agréablement les tiroirs de toute la famille.

Les fournitures

Le coussin bleu

- 4 carrés de 16 x 16 cm de toile de lin (11 fils/cm) de Graziano, référence Riviera 403 à petits carreaux bleu ciel et blanc
- Coton à broder mouliné de DMC, coloris n° 471 vert avocat clair, n° 712 crème, n° 930 bleu antique foncé, n° 3802 mauve antique sombre
- 4 morceaux de 25 cm de ruban dentelle d'Entrée des Fournisseurs, coloris blanc
- 1 bouton
- Ouatine de rembourrage

Le coussin rose

- 4 carrés de 16 x 16 cm de toile de lin (11 fils/cm) de Graziano, référence Riviera 403 à petits carreaux rose et blanc
- Coton à broder mouliné de DMC, coloris n° 223 vieux rose, n° 471 vert avocat clair, n° 712 crème, n° 3802 mauve antique sombre
- 4 morceaux de 25 cm de ruban dentelle d'Entrée des Fournisseurs, coloris blanc
- 1 bouton
- Ouatine de rembourrage

Le coussin jaune

- 4 carrés de 16 x 16 cm de toile de lin (11 fils/cm) de Graziano, référence Riviera 403 à petits carreaux jaune et blanc
- Coton à broder mouliné de DMC, coloris n° 436 topaze, n° 471 vert avocat clair, n° 712 crème, n° 3802 mauve antique sombre
- 4 morceaux de 25 cm de ruban dentelle d'Entrée des Fournisseurs, coloris blanc
- 1 bouton
- Ouatine de rembourrage

Dimensions de chaque coussin : 10,5 x 10,5 x épaisseur 6 cm

La broderie (pour chaque coussin)

Plier un des carrés de toile de lin en quatre pour en déterminer le centre : il se trouve au croisement des deux plis. Centrer et broder le motif sur la toile en utilisant 2 brins de coton pour le point de croix et les points spéciaux.

La réalisation des coussins

Chaque ouvrage est composé de deux petits coussins.
Le travail de broderie terminé, épingler endroit contre endroit le carré de toile brodé et un autre carré de toile, qui formera le dos du premier coussin. Assembler sur trois côtés, sans oublier de prendre dans la couture de deux côtés opposés un morceau de ruban dentelle.

La couture doit être effectuée à 0,5 cm de la broderie. Rembourrer de ouate ou de lavande et fermer le dernier côté à petits points cachés.
À l'aide des deux autres carrés de toile de lin, confectionner de la même manière le second coussin. Coudre le bouton au centre du coussin brodé, en piquant à travers toute l'épaisseur de celui-ci.
Attacher les deux coussins en nouant les liens de dentelle.

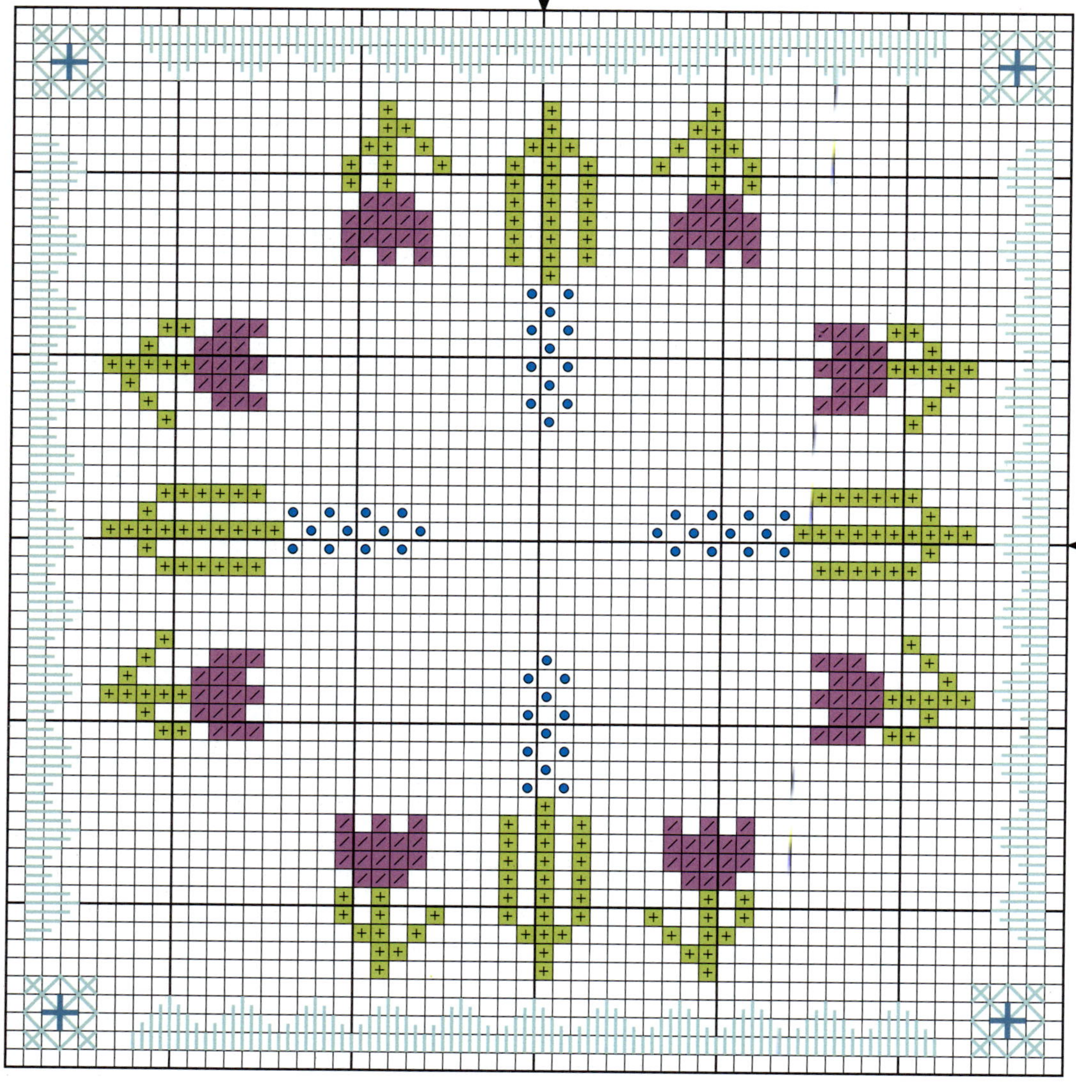

Les points de broderie

Le coussin jaune

- Point de croix sur 2 fils (p. 6)
- Point arrière sur 2 fils (p. 6)
- Point de satin crénelé sur 8 fils (p. 10)
- Point de riz double rebrodé sur 8 fils (p. 16)
- Point de bouclette sur 4 fils (p. 17)

Les points de broderie

Le coussin bleu

- Point de croix sur 2 fils (p. 6)
- Point de nœud (p. 7)
- Point de satin crénelé sur 8 fils (p. 10)
- Point de riz double rebrodé sur 8 fils (p. 16)

	DMC Mouliné	Coloris
Pt de croix sur 2 fils		
+	471	Vert avocat clair
/	3802	Mauve antique sombre
Pt de nœud		
•	930	Bleu antique foncé
Pt de satin crénelé sur 8 fils		
	712	Crème
Pt de riz double rebrodé sur 8 fils		
	712 + 930	Crème Bleu antique foncé

DMC Mouliné	Coloris
Pt de croix sur 2 fils	
471	Vert avocat clair
3802	Mauve antique sombre
436	Topaze
Pt arrière sur 2 fils	
471	Vert avocat clair
Pt de satin crénelé sur 8 fils	
712	Crème
Pt de riz double rebrodé sur 8 fils	
712 + 436	Crème / Topaze
Pt de bouclette sur 4 fils	
436	Topaze

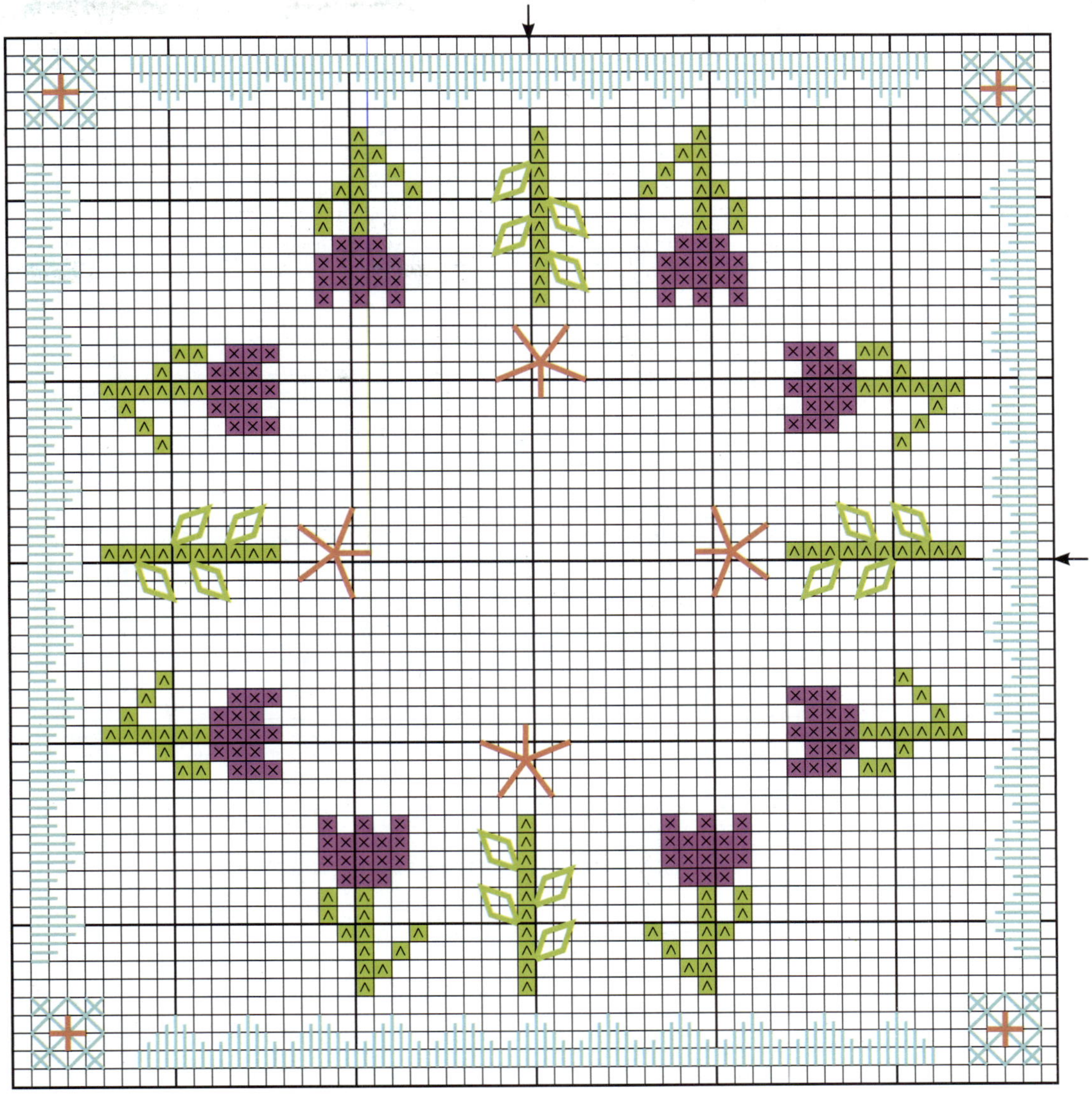

Les points de broderie

Le coussin rose

- Point de croix sur 2 fils (p. 6)
- Point de satin crénelé sur 8 fils (p. 10)
- Point de riz double rebrodé sur 8 fils (p. 16)
- Point de bouclette sur 4 fils (p. 17)
- Point d'araignée sur 8 fils (p. 14)

Nombre de points du motif :
56 sur la largeur x 56 sur la hauteur
Dimensions du motif en 5,5 pts/cm : 10,2 x 10,2 cm

DMC Mouliné	Coloris
Pt de croix sur 2 fils	
471	Vert avocat clair
3802	Mauve antique sombre
Pt de satin crénelé sur 8 fils	
712	Crème
Pt de riz double rebrodé sur 8 fils	
712 + 223	Crème / Vieux rose
Pt de bouclette sur 4 fils	
471	Vert avocat clair
Pt d'araignée sur 8 fils	
223	Vieux rose

ÉLÉGANCE BLEUE

Création Sylvie Brettnacher

Les volutes aux teintes changeantes qui s'enroulent sagement sur la toile complètent à merveille le classicisme de cette composition.

Les fournitures

- 35 x 35 cm de toile unifil (12 fils/cm) de Zweigart, référence 3984 Murano, coloris 101 écru
- Fil à broder Marlitt d'Anchor, coloris n° 1034 écru (ou coton à broder mouliné de DMC, coloris écru)
- Coton à broder Color Variations de DMC, coloris n° 4240 bleu roi

Dimensions hors encadrement : 24,5 x 24,5 cm

La broderie

Plier le carré de toile en quatre pour en déterminer le centre : il se trouve au croisement des deux plis. Centrer et broder le motif sur la toile en utilisant 1 seul brin de coton pour le point de croix et les points spéciaux.

Le travail de broderie terminé, procéder à l'encadrement.

Les points de broderie

- Point de croix sur 2 fils (p. 6)
- Point de Rhodes en cœur sur 10 fils (p. 7)
- Point de Rhodes simple arrondi sur 8 fils (p. 7)
- Point d'œillet algérien sur 8 fils (p. 9)
- Point d'œillet algérien sur 10 fils (p. 9)
- Point de satin en diagonale sur 8 fils (p. 10)
- Point de Smyrne sur 8 fils (p. 12)
- Point de diamant sur 12 fils (p. 15)

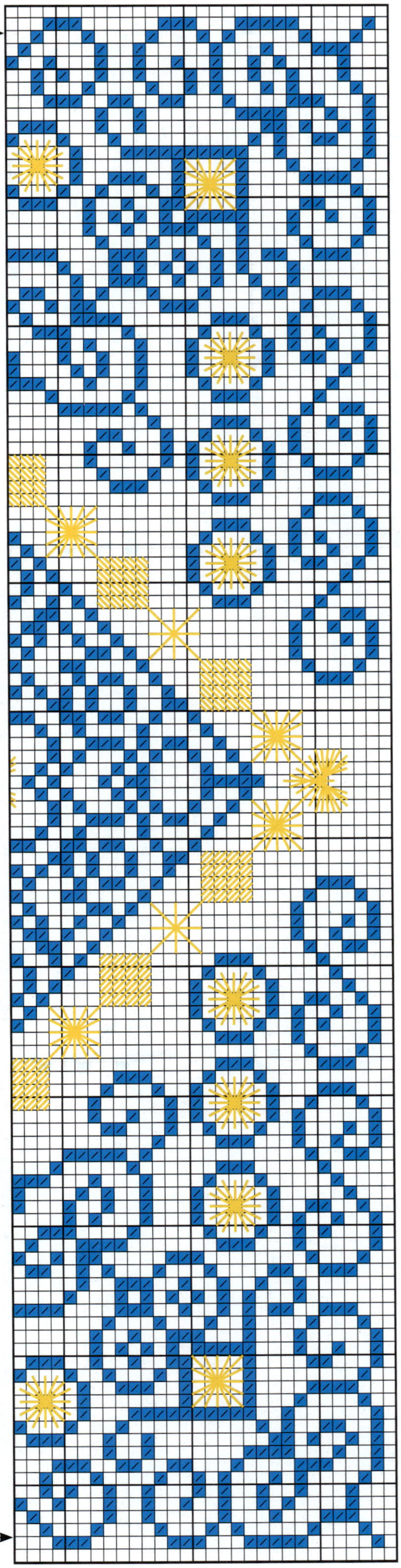

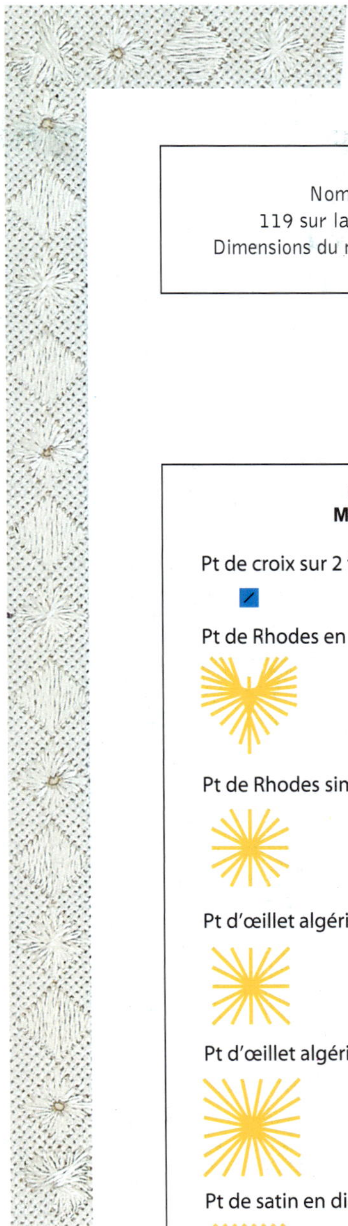

Nombre de points du motif :
119 sur la largeur x 119 sur la hauteur
Dimensions du motif en 6 pts/cm : 19,8 x 19,8 cm

	DMC Mouliné	DMC Fil Color Variations	Anchor Marlitt	Coloris
Pt de croix sur 2 fils				
		4240		Bleu roi
Pt de Rhodes en cœur sur 10 fils				
	Écru		1034	Écru
Pt de Rhodes simple arrondi sur 8 fils				
	Écru		1034	Écru
Pt d'œillet algérien sur 8 fils				
	Écru		1034	Écru
Pt d'œillet algérien sur 10 fils				
	Écru		1034	Écru
Pt de satin en diagonale sur 8 fils				
	Écru		1034	Écru
Pt de Smyrne sur 8 fils				
	Écru		1034	Écru
Pt de diamant sur 12 fils				
	Écru		1034	Écru

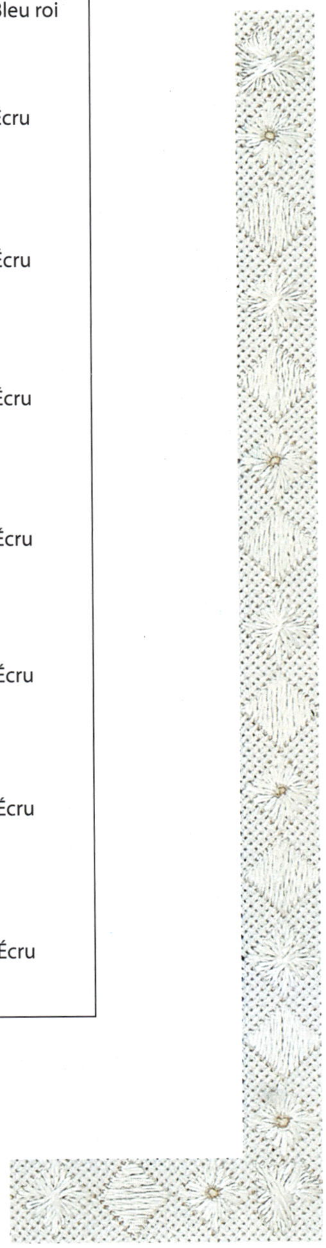

LA RONDE DES SAISONS

Création Sylvie Tonnelier

Au rythme des feuilles mortes, des pommes ou des flocons de neige, les arbres de ces petits marquoirs nous montrent le temps qui passe, les saisons qui défilent et les points de broderie qui se succèdent joliment !

Les fournitures

- Pour chaque marquoir, voir pages suivantes

Dimensions de chaque marquoir : 11 x 17 cm

La broderie (pour chaque marquoir)

Plier le rectangle de toile de lin en quatre pour en déterminer le centre : il se trouve au croisement des deux plis. Placer et broder le motif sur la toile en utilisant 2 brins de coton pour le point de croix et les points spéciaux.

Seuls les points suivants sont réalisés en utilisant 1 seul brin de coton : le point rayonnant contrarié du marquoir été, et le point d'œillet du marquoir hiver.

La réalisation des marquoirs

Les marquoirs printemps, été et hiver

Placer la feuille de ouatine sur le carton épais, puis centrer la toile brodée par-dessus la ouatine. Replier et coller l'excédent de lin derrière le carton. De la même manière, coller sur le carton fin le tissu de coton assorti. Assembler envers contre envers, en les collant, les deux plaques de carton recouvertes de tissu ; prendre soin de glisser entre les deux plaques, au-dessus de la broderie, une boucle qui permettra de suspendre le marquoir, réalisée à l'aide de 6 cm de croquet.

Coller le morceau de croquet tout autour du marquoir, en commençant au niveau de la boucle, et à 40 cm de l'extrémité du croquet. Faire un joli nœud au-dessus de la broderie.

Les fournitures

Le marquoir printemps

- 18 x 25 cm de toile de lin (12 fils/cm) de Zweigart, référence 3609 Belfast, coloris 233 beige
- Coton à broder mouliné de DMC, coloris n° 316 mauve antique, n° 471 vert avocat clair, n° 472 vert avocat pâle, n° 712 crème, n° 838 marron très foncé, n° 3821 safran clair
- 18 x 25 cm de tissu de coton (type tissu pour patchwork), coloris assorti
- 1,60 m de croquet, coloris beige
- 11 x 17 cm de carton fin
- 11 x 17 cm de carton épais
- 1 feuille de ouatine de 11 x 17 cm

Les points de broderie

- Point de croix sur 2 fils (p. 6)
- Point de nœud (p. 7)
- Point de croix allongé rebrodé sur 2 fils (version n° 2) (p. 6)
- Point d'araignée sur 4 fils (p. 14)
- Point quadrillé sur 2 fils (p. 17)
- Point rayonnant sur 6 fils (p. 15)
- Point de coussin croisé inversé sur 9 fils (p. 17)
- Point de Smyrne simple sur 4 fils (p. 11)
- Point de satin fantaisie sur 4 fils (p. 9)
- Point de satin crénelé sur 4 fils (p. 9)
- Point lancé en flèche sur 4 fils (version n° 1) (p. 14)

Nombre de points du motif :
50 sur la largeur x 87 sur la hauteur
Dimensions du motif en 6 pts/cm : 8,3 x 14,5 cm

Symbol	DMC Mouliné	Coloris
Pt de croix sur 2 fils		
	838	Marron très foncé
	316	Mauve antique
	472	Vert avocat pâle
Pt de nœud		
	3821	Safran clair
Pt de croix allongé rebrodé sur 2 fils version n° 2		
	471 + 472	Vert avocat clair / Vert avocat pâle
Pt d'araignée sur 4 fils		
	316	Mauve antique
Pt quadrillé sur 2 fils		
	3821	Safran clair
Pt rayonnant sur 6 fils		
	712	Crème
Pt coussin croisé inversé sur 9 fils		
	712	Crème
Pt de Smyrne simple sur 4 fils		
	316	Mauve antique
Pt de satin fantaisie sur 4 fils		
	712	Crème
Pt de satin crénelé sur 4 fils		
	712	Crème
Pt lancé en flèche sur 4 fils version n° 1		
	316	Mauve antique

Les fournitures

Le marquoir été

- 18 x 25 cm de toile de lin (12 fils/cm) de Zweigart, référence 3609 Belfast, coloris 233 beige
- Coton à broder mouliné de DMC, coloris n° 471 vert avocat clair, n° 712 crème, n° 815 grenat, n° 838 marron très foncé, n° 3821 safran clair
- 18 x 25 cm de tissu de coton (type tissu pour patchwork), coloris assorti
- 1,60 m de croquet, coloris beige
- 11 x 17 cm de carton fin
- 11 x 17 cm de carton épais
- 1 feuille de ouatine de 11 x 17 cm

Les points de broderie

- Point de croix sur 2 fils (p. 6)
- Point de nœud (p. 7)
- Point d'éventail sur 4 fils (p. 8)
- Point rayonnant contrarié sur 6 fils (p. 15)
- Point de chausson sur 8 fils (p. 13)
- Point lancé en croix sur 4 fils (p. 14)
- Point lancé fantaisie sur 5 fils (p. 14)
- Point de chausson en surjet sur 6 fils (p. 13)
- Point de satin crénelé sur 4 fils (p. 9)
- Point de satin rond sur 8 fils (p. 11)
- Point de croix contrarié sur 4 fils (version n° 1) (p. 6)

Nombre de points du motif :
50 sur la largeur x 88 sur la hauteur
Dimensions du motif en 6 pts/cm : 8,3 x 14,7 cm

	DMC Mouliné	Coloris
Pt de croix sur 2 fils		
	838	Marron très foncé
	815	Grenat
	471	Vert avocat clair
Pt de nœud		
	3821	Safran clair
Pt d'éventail sur 4 fils		
	712	Crème
Pt rayonnant contrarié sur 6 fils		
	712	Crème
Pt de chausson sur 8 fils		
	815	Grenat
Pt lancé en croix sur 4 fils (version n° 1)		
	471	Vert avocat clair
Pt lancé fantaisie sur 5 fils		
	712	Crème
Pt de chausson en surjet sur 6 fils		
	815	Grenat
Pt de satin crénelé sur 4 fils		
	712	Crème
Pt de satin rond sur 8 fils		
	815	Grenat
Pt de croix contrarié sur 4 fils (version n° 1)		
	815 + 3821	Grenat + Safran clair

Les fournitures

Le marquoir automne

- 18 x 25 cm de toile de lin (12 fils/cm) de Zweigart, référence 3609 Belfast, coloris 233 beige
- Coton à broder mouliné de DMC, coloris n° 712 crème, n° 734 kaki pâle, n° 830 vert-or foncé, n° 838 marron très foncé, n° 3777 terra cotta sombre, n° 3826 rouille
- 3 rectangles de 18 x 25 cm de tissu de coton (type tissu pour patchwork), coloris assorti
- 35 cm de croquet, coloris beige
- 11 x 17 cm de carton fin
- 2 rectangles de 11 x 17 cm de carton épais
- 3 feuilles de ouatine de 11 x 17 cm
- 2 boutons de nacre, coloris assorti

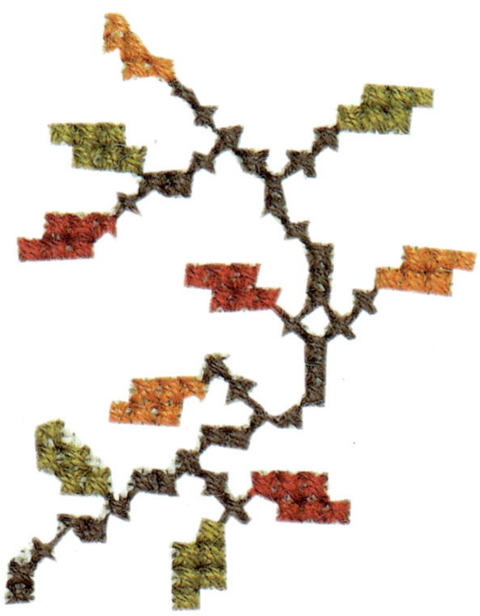

La réalisation

Le marquoir automne

Confectionner le marquoir (plaque n° 1) de la même façon que pour les autres saisons, mais sans utiliser encore le croquet. Puis, réaliser la plaque n° 2 à l'aide d'un rectangle de carton épais couvert de feuilles de ouatine sur les 2 faces, puis de tissu de coton par-dessus la ouatine. Sur l'une des largeurs, le tissu imprimé doit dépasser d'1 cm du carton (voir schéma). Assembler ensuite les plaques 1 et 2 à petits point cachés sur la largeur du haut, de façon à pouvoir poser le marquoir comme un chevalet, et cacher cette couture en collant le croquet ; faire un petit nœud sur le côté avec le croquet et coudre un bouton de nacre à chaque extrémité.

Les points de broderie

- Point de croix sur 2 fils (p. 6)
- Point de riz double sur 4 fils (p. 16)
- Point de chausson double sur 6 fils (p. 13)
- Point de feuille sur 6 fils (p. 17)
- Point de chausson rebrodé sur 6 fils (p. 13)
- Point de croix allongé rebrodé sur 2 fils (version n° 1) (p. 6)
- Point de chevron sur 4 fils (p. 16)
- Point de satin crénelé sur 4 fils (p. 9)
- Point de satin carré inversé sur 8 fils (p. 10)
- Point quadrillé sur 2 fils (p. 17)

Schéma du marquoir automne

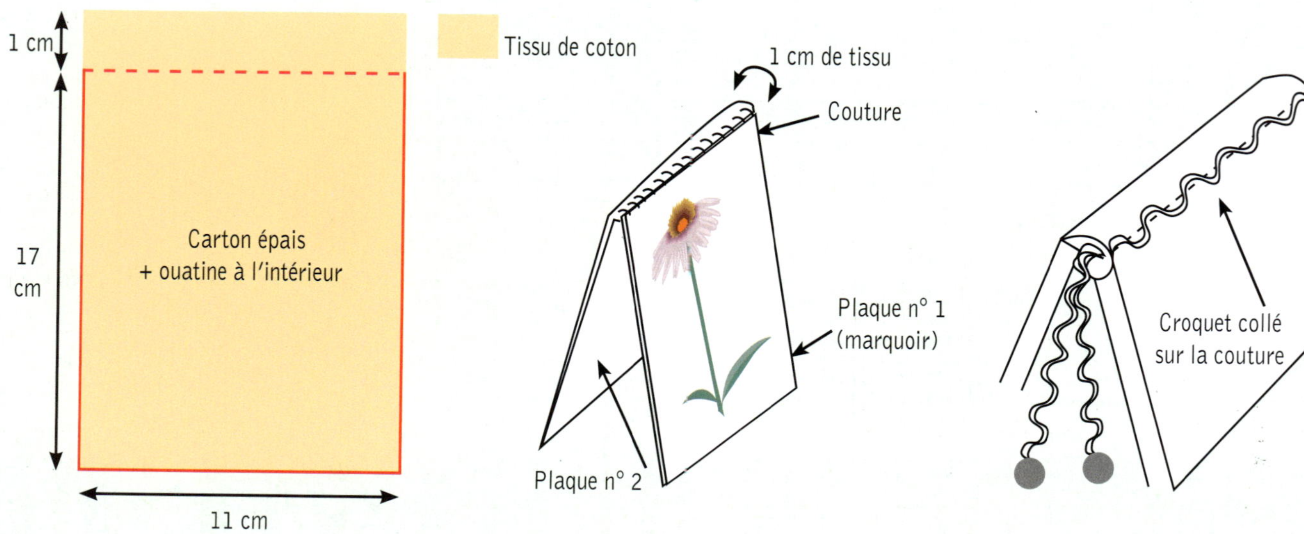

Nombre de points du motif :
50 sur la largeur x 87 sur la hauteur
Dimensions du motif en 6 pts/cm : 8,3 x 14,6 cm

	DMC Mouliné	Coloris
Pt de croix sur 2 fils		
	838	Marron très foncé
	3777	Terra cotta sombre
	830	Vert-or foncé
	3826	Rouille
Pt de riz double sur 4 fils		
	3777 + 734	Terra cotta sombre Kaki pâle
Pt de chausson double sur 6 fils		
	712	Crème
Pt de feuille sur 6 fils		
	830	Vert-or foncé
	734	Kaki pâle
Pt de chausson rebrodé sur 6 fils		
	3826 + 734	Rouille Kaki pâle
Pt de croix allongé rebrodé sur 2 fils (version n° 1)		
	3777 + 3826	Terra cotta sombre Rouille
Pt lancé en chevron sur 4 fils		
	712	Crème
Pt de satin crénelé sur 4 fils		
	712	Crème
Pt de satin carré inversé sur 8 fils		
	712	Crème
Pt quadrillé sur 2 fils		
	3826	Rouille

Les fournitures

Le marquoir hiver

- 18 x 25 cm de toile de lin (12 fils/cm) de Zweigart, référence 3609 Belfast, coloris 233 beige
- Coton à broder mouliné de DMC, coloris n° 370 vert bronze foncé, n° 413 gris souris, n° 838 marron très foncé, n° 926 vert brume, n° 3865 ivoire
- 18 x 25 cm de tissu de coton (type tissu pour patchwork), coloris assorti
- 1,60 m de croquet, coloris beige
- 11 x 17 cm de carton fin
- 11 x 17 cm de carton épais
- 1 feuille de ouatine de 11 x 17 cm

Les points de broderie

- Point de croix sur 2 fils (p. 6)
- Point d'œillet sur 4 fils (p. 8)
- Point de Smyrne simple sur 4 fils (p. 11)
- Point lancé en flèche sur 4 fils (version n° 2) (p. 14)
- Point de satin croisé sur 4 fils (p. 10)
- Point de chausson rebrodé sur 6 fils (p. 13)
- Point de croix contrarié sur 4 fils (version n° 2) (p. 6)
- Point de couchure sur 9 fils (p. 17)
- Point d'Assise sur 4 fils (p. 17)
- Point de satin crénelé sur 4 fils (p. 9)
- Point arrière sur 2 fils (p. 6)

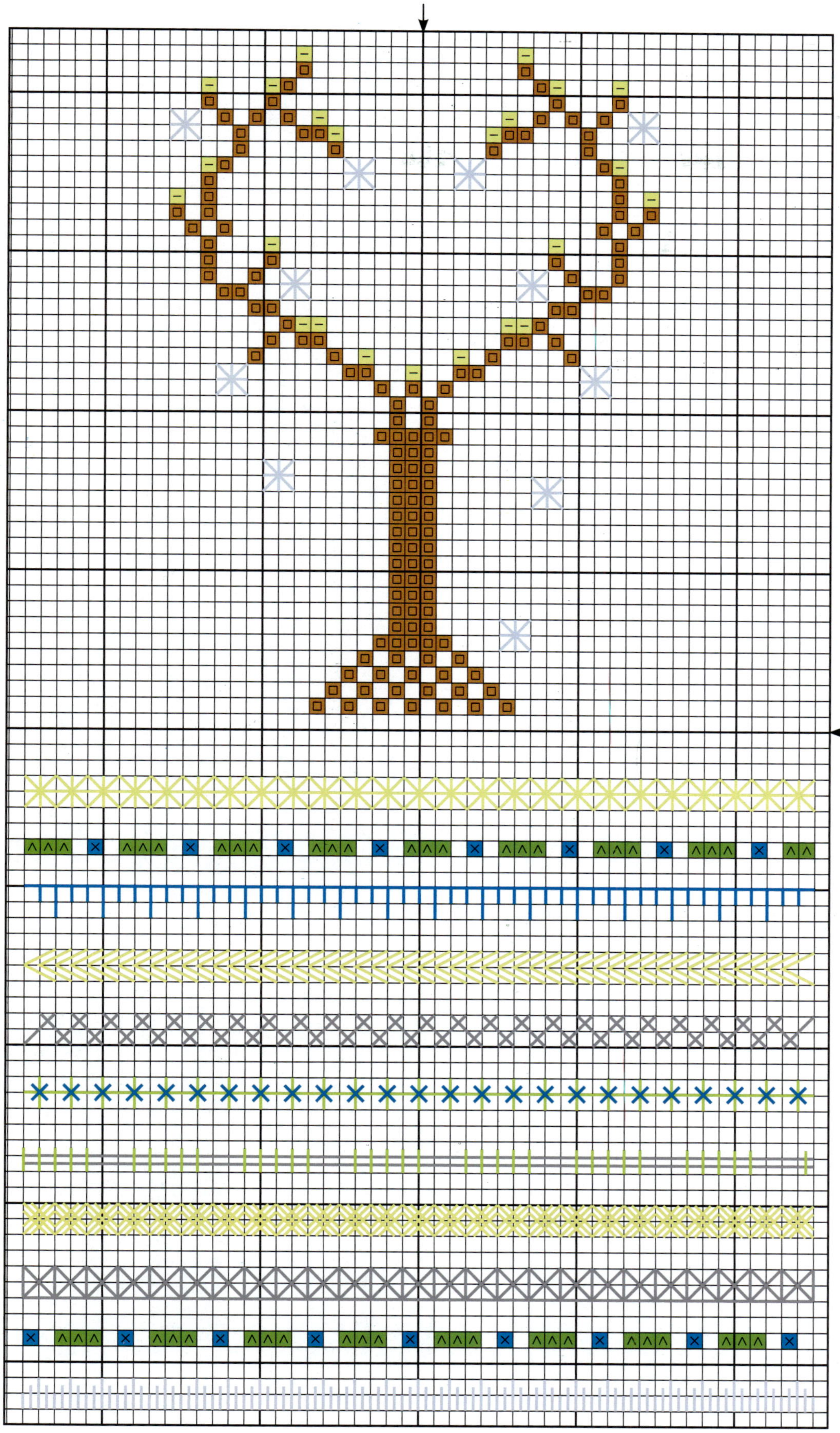

Nombre de points du motif :
50 sur la largeur x 86 sur la hauteur
Dimensions du motif en 6 pts/cm : 8,3 x 14,3 cm

	DMC Mouliné	Coloris
Pt de croix sur 2 fils		
	838	Marron très foncé
	3865	Ivoire
	370	Vert bronze foncé
	926	Vert brume
Pt d'œillet sur 4 fils		
	3865	Ivoire
Pt de Smyrne simple sur 4 fils		
	3865	Ivoire
Pt lancé en flèche sur 4 fils (version n° 2)		
	3865	Ivoire
Pt de satin croisé sur 4 fils		
	3865	Ivoire
Pt de chausson rebrodé sur 6 fils		
	413 + 926	Gris souris / Vert brume
Pt de croix contrarié sur 4 fils (version n° 2)		
	370 + 926	Vert bronze foncé / Vert brume
Pt de couchure sur 9 fils		
	370 + 413	Vert bronze foncé / Gris souris
Pt d'Assise sur 4 fils		
	413	Gris souris
Pt de satin crénelé sur 4 fils		
	3865	Ivoire
Pt arrière sur 2 fils		
	926	Vert brume

QUAND GRAND-MÈRE BRODAIT...

Création Isabelle Vautier

Cet amusant ouvrage vous séduira par sa simplicité de réalisation et les charmants clins d'œil aux travaux d'aiguille d'antan. Choisissez sans tarder les dentelles et boutons qui viendront l'agrémenter !

DENTELLES
BOUTONS
EXERCICES:

Les fournitures

- 35 x 30 cm de toile étamine (10 fils/cm) de Zweigart, référence Fein Floba, coloris 53 naturel
- Coton à broder mouliné de DMC, coloris n° 815 grenat
- Coton perlé n° 12 de DMC, coloris n° 815 capucine
- 10 boutons différents
- 4 morceaux différents de ruban dentelle : 10 x 1,5 cm (n° 1), 10 x 0,80 cm (n° 2), 10 x 2,30 cm (n° 3) et 10 x 1 cm (n° 4)
- 1 charms forme ciseaux

Dimensions hors encadrement : 24 x 14 cm

Les points de broderie

- Point de croix sur 1 fil (p. 6)
- Point de Smyrne sur 2 fils (p. 11)
- Point de Smyrne simple sur 4 fils (p. 11)
- Point de Pékin sur 2 fils (p. 16)
- Point de Pékin sur 4 fils (p. 16)
- Point breton sur 6 fils (p. 13)
- Point breton sur 12 fils (p. 13)
- Point de Grébiche (p. 18)

La broderie

Plier le rectangle de toile en quatre pour en déterminer le centre : il se trouve au croisement des deux plis. Placer et broder le motif sur la toile en utilisant 1 seul brin de coton pour le point de croix et les points spéciaux.

Appliquer les rubans dentelle sur la broderie *(voir grille pages 40-41)*, à l'aide des points spéciaux suivants :

- la dentelle n° 1 est brodée au point avant espacé ;
- la dentelle n° 2 au point avant ;
- la dentelle n° 3 au point de croix espacé ;
- la dentelle n° 4 au point zigzag.

Coudre harmonieusement 10 boutons dans l'emplacement situé sous le mot « bouton » ; coudre ensuite le petit charms en forme de ciseaux à la suite du mot brodé « exercices : ».

Le travail de broderie terminé, procéder à l'encadrement.

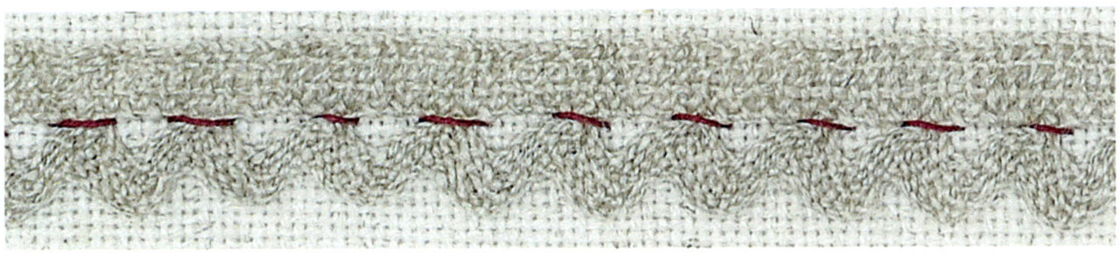

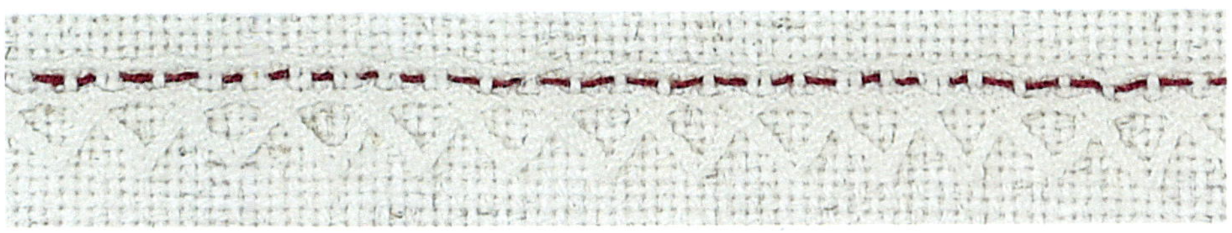

POINT DE PEKIN
POINT DE GREBICHE
POINT BRETON
POINT DE DIABLE
DENTELLES
BOUTONS
EXERCICES:
POINT DE PEKIN
POINT DE DIABLE
POINT DE GREBICHE
POINT BRETON

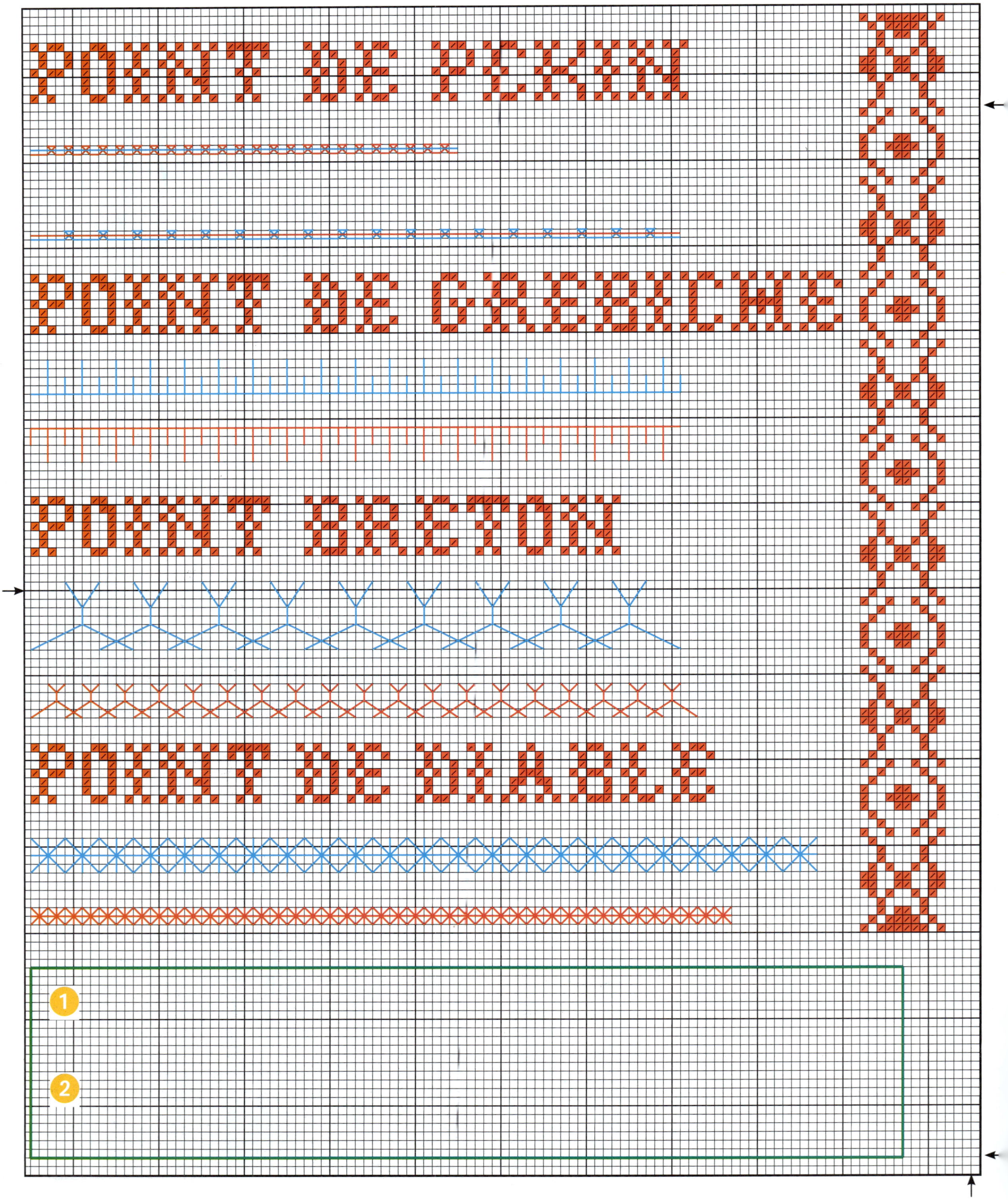
POINT DE PEKIN
POINT DE GREBICHE
POINT BRETON
POINT DE DIABLE
1
2

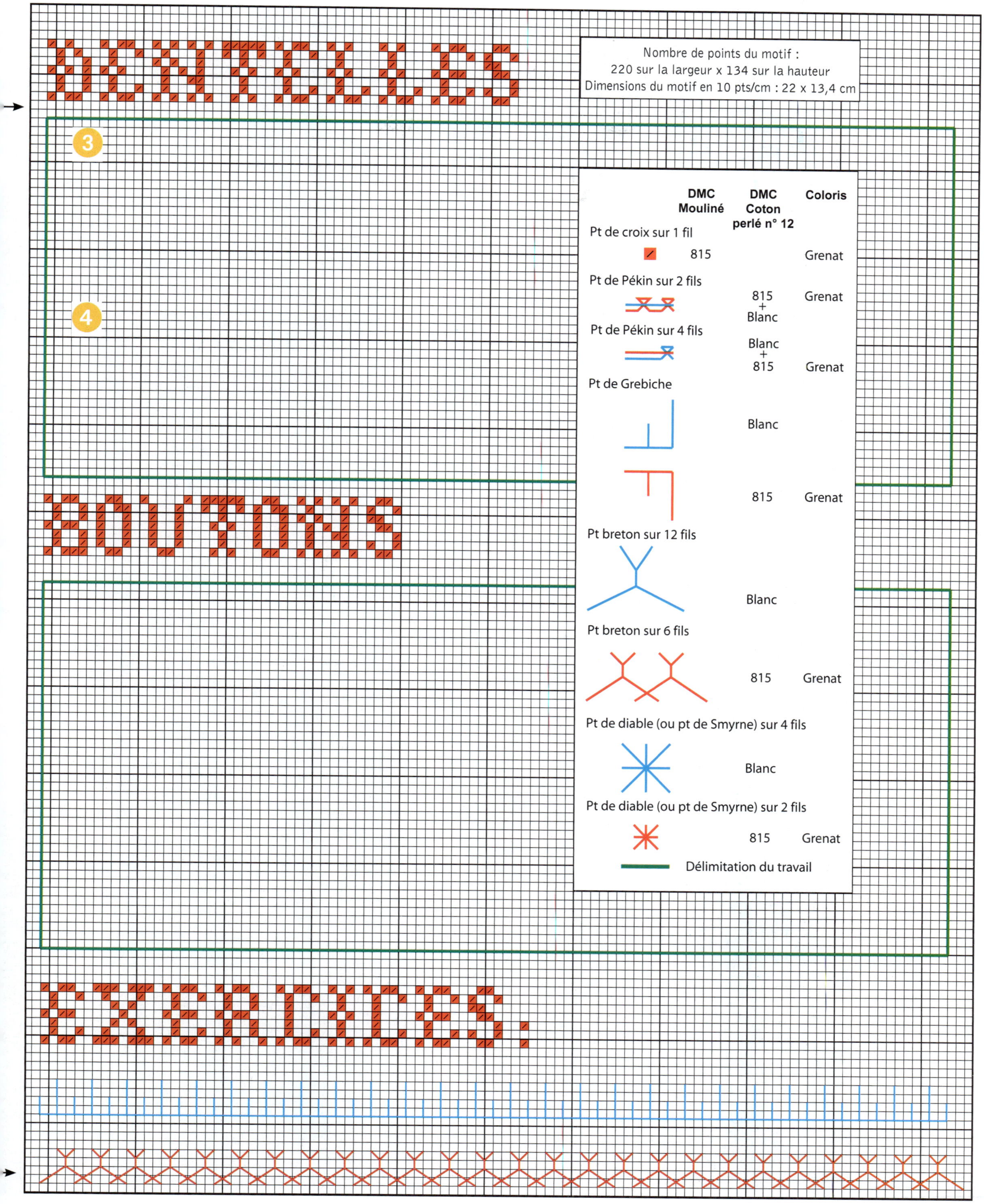

Nombre de points du motif :
220 sur la largeur x 134 sur la hauteur
Dimensions du motif en 10 pts/cm : 22 x 13,4 cm

	DMC Mouliné	DMC Coton perlé n° 12	Coloris
Pt de croix sur 1 fil	815		Grenat
Pt de Pékin sur 2 fils		815 + Blanc	Grenat
Pt de Pékin sur 4 fils		Blanc + 815	Grenat
Pt de Grebiche		Blanc	
		815	Grenat
Pt breton sur 12 fils		Blanc	
Pt breton sur 6 fils		815	Grenat
Pt de diable (ou pt de Smyrne) sur 4 fils		Blanc	
Pt de diable (ou pt de Smyrne) sur 2 fils		815	Grenat
Délimitation du travail			

BIENVENUE

Création Sylvie Brettnacher

Une inspiration très Art déco pour ce tableau qui accueillera avec charme famille et amis.

Les fournitures

- 40 x 25 cm de toile de lin (14 fils/cm) de Zweigart, référence 3217 Edinburgh, coloris 100 blanc
- Coton à broder mouliné de DMC, coloris n° 301 cannelle, n° 370 vert bronze foncé, n° 743 jaune, n° 973 jaune canari, n° 3854 cuivre clair

Dimensions hors encadrement : 31 x 15 cm

La broderie

Plier le rectangle de toile de lin en quatre pour en déterminer le centre : il se trouve au croisement des deux plis. Placer et broder le motif sur la toile en utilisant 1 seul brin de coton pour le point de croix et les points spéciaux.

Le travail de broderie terminé, procéder à l'encadrement.

Les points de broderie

- Point de croix sur 2 fils (p. 6)
- Point de trait ou point lancé (p. 6)
- Point de nœud (p. 7)
- Point de Smyrne croisé sur 8 fils (p. 12)
- Point de Smyrne croisé sur 6 fils (p. 12)
- Point de Smyrne sur 2 fils (p. 11)
- Point de Smyrne sur 4 fils (p. 12)
- Point de chevron sur 4 fils (p. 16)
- Point de bouclette sur 4 fils (p. 17)
- Point d'œillet arrondi sur 6 fils (p. 8)
- Quart d'œillet sur 4 fils (p. 8)
- Point de bourgeon sur 6 fils (p. 15)
- Point de bourgeon sur 8 fils, version n°1 (p. 15)

Nombre de points du motif :
169 sur la largeur x 67 sur la hauteur.
Dimensions du motif en 7 pts/cm : 24,1 x 9,6 cm

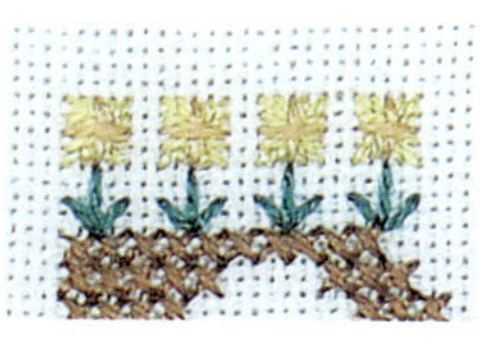

FLOWER POWER

Création Isabelle Marescaux

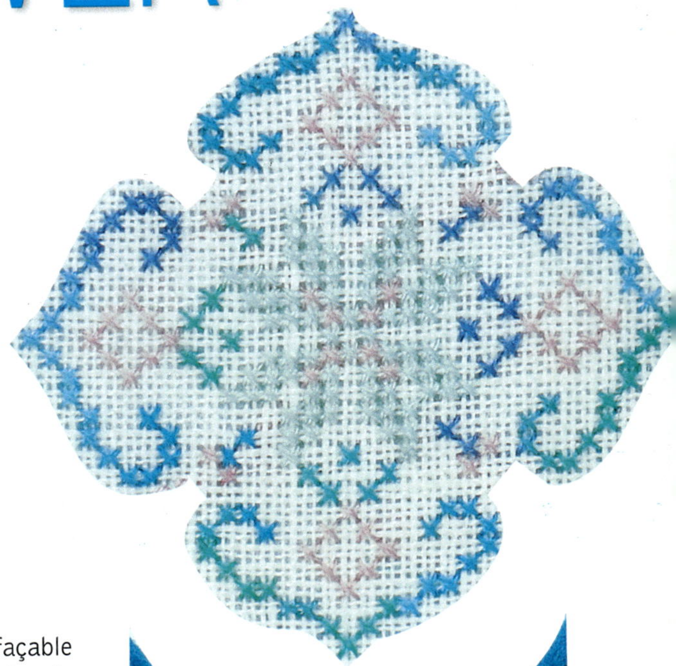

Gaiement, cet ouvrage allie dynamisme et élégance... Pour mettre en valeur le travail délicat de la broderie, osez le turquoise pop !

Les fournitures

- 25 x 25 cm de toile de lin (14 fils/cm) de Zweigart, référence 3217 Edinburgh, coloris 101 crème
- Coton à broder mouliné de DMC, coloris n° 3727 mauve antique clair, n° 3811 bleu pâle
- Coton à broder mouliné Color Variations de DMC, coloris n° 4030 bleu vert
- 100 x 50 cm de feutre de PSR Quilt, coloris turquoise
- 50 x 50 cm de toile thermocollante Vlieseline H 250

Dimensions : 44 cm de diamètre

Les points de broderie

- Point de croix sur 2 fils (p. 6)
- Point de croix sur 1 fil (p. 6)
- Point de trait ou point lancé (p. 6)
- Point de Boulogne (p. 18)
- Quart d'œillet sur 6 fils (p. 8)
- Point d'épine sur 6 fils (p. 18)

La broderie

À l'aide d'un feutre pour tissu effaçable à l'eau et du gabarit, reproduire le contour du cœur de la fleur sur la toile de lin.

Broder le motif sur la toile à l'intérieur du cercle en utilisant :

- 2 brins de coton pour le point de Boulogne (surjeté avec 1 seul brin de coton) ; le point arrière réalisé avec le coton n° 3811 ; le point d'épine ;
- 1 seul brin pour les points de croix sur 2 fils et sur 1 fil ; le quart d'œillet ; le point arrière réalisé avec le coton Color Variations n° 4030.

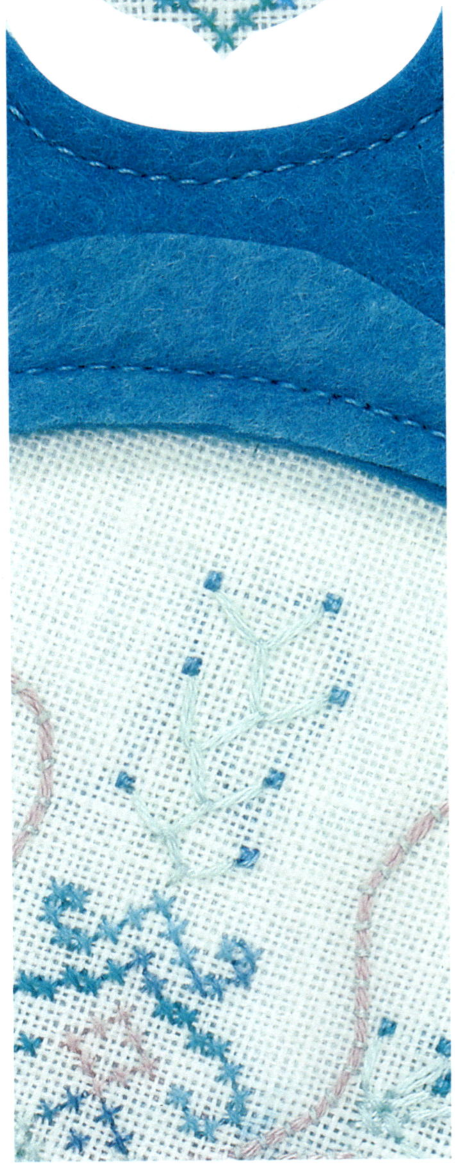

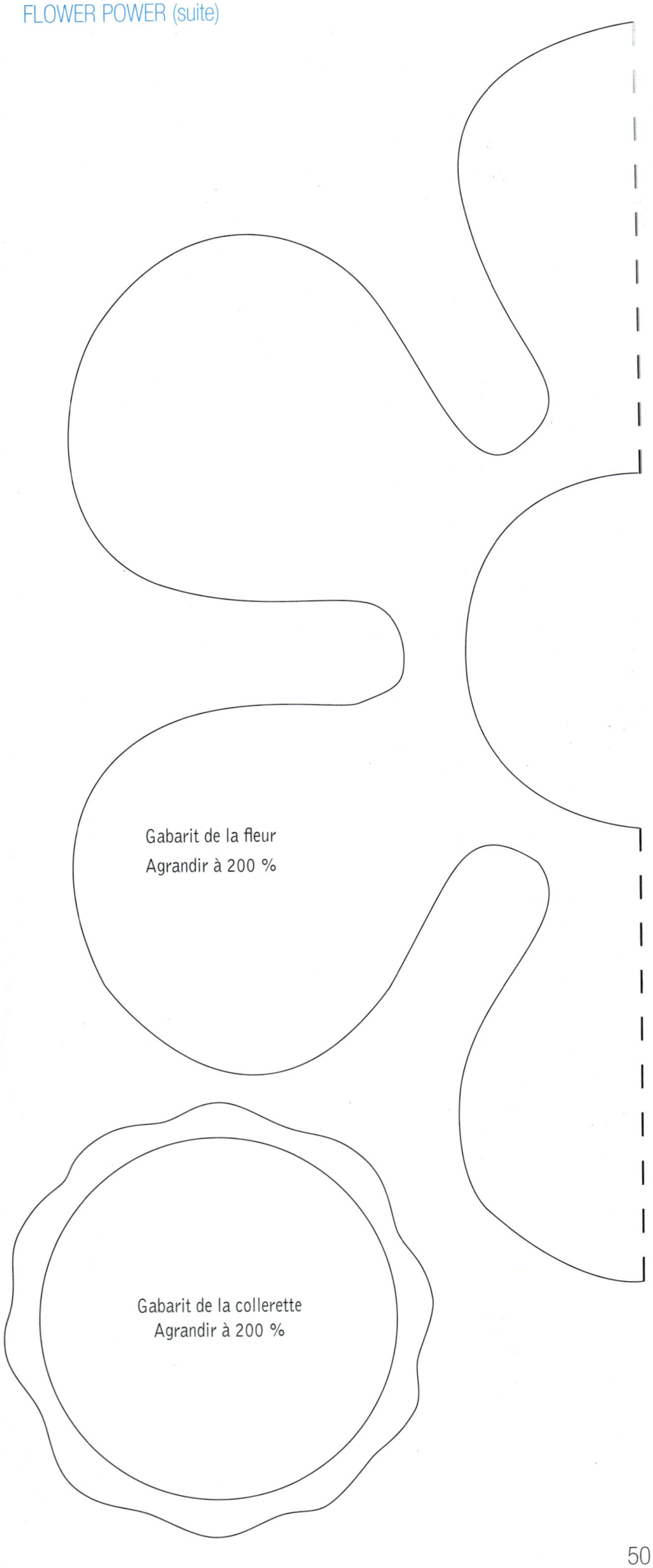

La réalisation d'une fleur

Couper dans le feutre turquoise deux carrés de 50 x 50 cm. Sur l'un de ces carrés, appliquer au fer à repasser le morceau de toile thermocollante. Sur l'autre carré, reproduire le contour du centre de la fleur à l'aide du gabarit. Tracer le contour de la fleur sur les deux carrés de feutre et découper ces formes. Évider le cœur de la fleur.

Préparer une patte d'accrochage en coupant une languette de 10 x 1 cm dans le feutre. Plier la languette dans le sens de la longueur et coudre tout le long, de façon à obtenir une patte d'accrochage de 0,5 cm de large.

Recouper la toile de lin brodée aux dimensions de l'emplacement prévu au cœur de la fleur.

Poser d'abord la toile de lin brodée sur la fleur de feutre recouverte de toile thermocollante, puis la fleur de feutre au centre évidé par-dessus la broderie. Insérer la patte d'accrochage, en formant une boucle, entre deux pétales.

Couper grâce au gabarit, puis appliquer par-dessus le montage précédent la forme de collerette qui va entourer la broderie.

Épingler ensemble les quatre épaisseurs, bâtir puis coudre en commençant par le contour du cœur de la fleur, à 5 mm du bord.

Schéma de montage

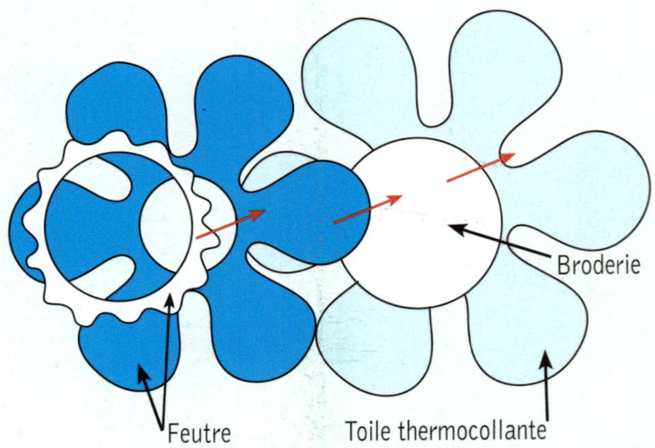

Nombre de points du motif :
61 sur la largeur x 61 sur la hauteur
Dimensions du motif en 7 pts/cm : 8,7 x 8,7 cm

	DMC Mouliné	DMC Fil Color Variations	Coloris
Pt de croix sur 2 fils			
×		4030	Bleu vert
–	3727		Mauve antique clair
∧	3811		Bleu pâle
Pt de croix sur 1 fil			
		4030	Bleu vert
Pt de trait ou pt lancé			
—		4030	Bleu vert
—	3811		Bleu pâle
Pt de Boulogne			
	3727 + 3811		Mauve antique clair / Bleu pâle

	DMC Mouliné	DMC Fil Color Variations	Coloris
Quart d'œillet sur 6 fils		4030	Bleu vert
Pt d'épine sur 6 fils	3811		Bleu pâle

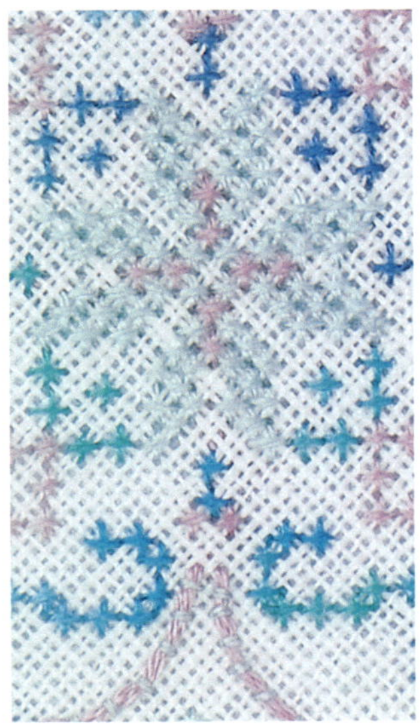

ALPHABET FEUTRÉ

Création Isabelle Marescaux

A, B, C, D…
révisons nos classiques, tout en égrénant ligne après ligne les points de broderie ! Pour cet abécédaire, la douceur de la feutrine se marie harmonieusement avec la rustique toile de lin.

Les fournitures

- 40 x 30 cm de toile de lin (12 fils/cm) de Zweigart, référence 3609 Belfast, coloris 53 naturel
- Coton à broder mouliné de DMC, coloris n° 160 bleu gris, n° 3740 violet antique, n° 3747 bleu-violet pâle, n° 3856 coquille orangé
- Coton à broder Color Variations de DMC, coloris n° 4150 beige clair
- 100 x 50 cm de feutre de PSR Quilt, coloris blanc cassé
- 50 x 40 cm de toile thermocollante Vlieseline H 250

Dimensions : 42 x 32 cm

Les points de broderie

- Point de croix sur 2 fils (p. 6)
- Point arrière sur 2 fils (p. 6)
- Quart d'œillet sur 4 fils (p. 8)
- Point de chausson sur 6 fils (p. 13)
- Point de satin en croix sur 12 fils avec point d'œillet sur 4 fils (p. 11)
- Point de diamant sur 8 fils (p. 14)
- Point de bourgeon sur 8 fils, version n°2 (p. 16)
- Point de satin en pointe sur 8 fils (p. 10)
- Point fantaisie sur 8 fils (p. 18)

FGHIJ
OPQRS
XYZ
A
B
C

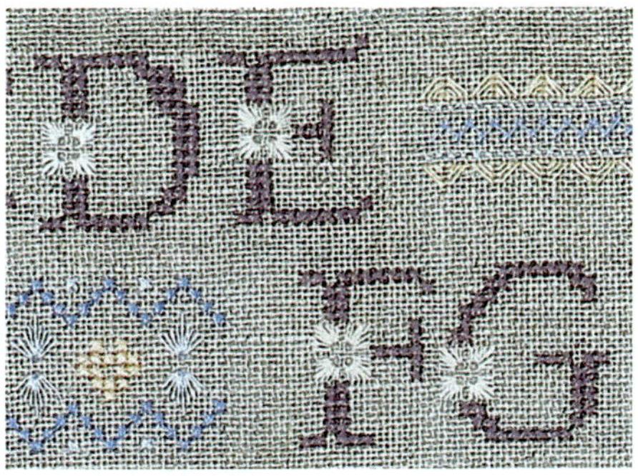

La broderie

À l'aide d'un feutre pour tissu effaçable à l'eau et du gabarit, reproduire le contour des quatre fenêtres sur la toile de lin.

Broder les motifs sur la toile à l'intérieur des fenêtres en utilisant 2 brins de coton pour le point de croix et 1 seul brin de coton pour les points spéciaux.

Les 3 lettres qui se trouvent dans les petites fenêtres de droite sont brodées comme les lettres correspondantes de l'abécédaire, mais en inversant les couleurs du point de croix et des quarts d'œillet.

La réalisation du panneau

Couper dans le feutre blanc cassé deux rectangles de 50 x 40 cm. Sur l'un de ces rectangles, appliquer au fer à repasser le morceau de toile thermocollante. Sur l'autre rectangle, reproduire le contour des fenêtres à l'aide du gabarit. Tracer le contour du panneau sur les deux rectangles de feutre et découper ces formes. Évider les fenêtres. (Gabarit ci-dessous).

Préparer deux pattes d'accrochage en coupant deux languettes de 9 x 1 cm dans le feutre.

Poser d'abord la toile de lin brodée sur le rectangle de feutre recouvert de toile thermocollante, puis le rectangle de feutre aux fenêtres évidées par-dessus la broderie. Insérer les deux pattes d'accrochage pliées en deux en haut du panneau. (Voir schéma de montage à droite).

Épingler ensemble les trois épaisseurs, bâtir puis coudre en commençant par le contour du panneau, à 5 mm du bord.

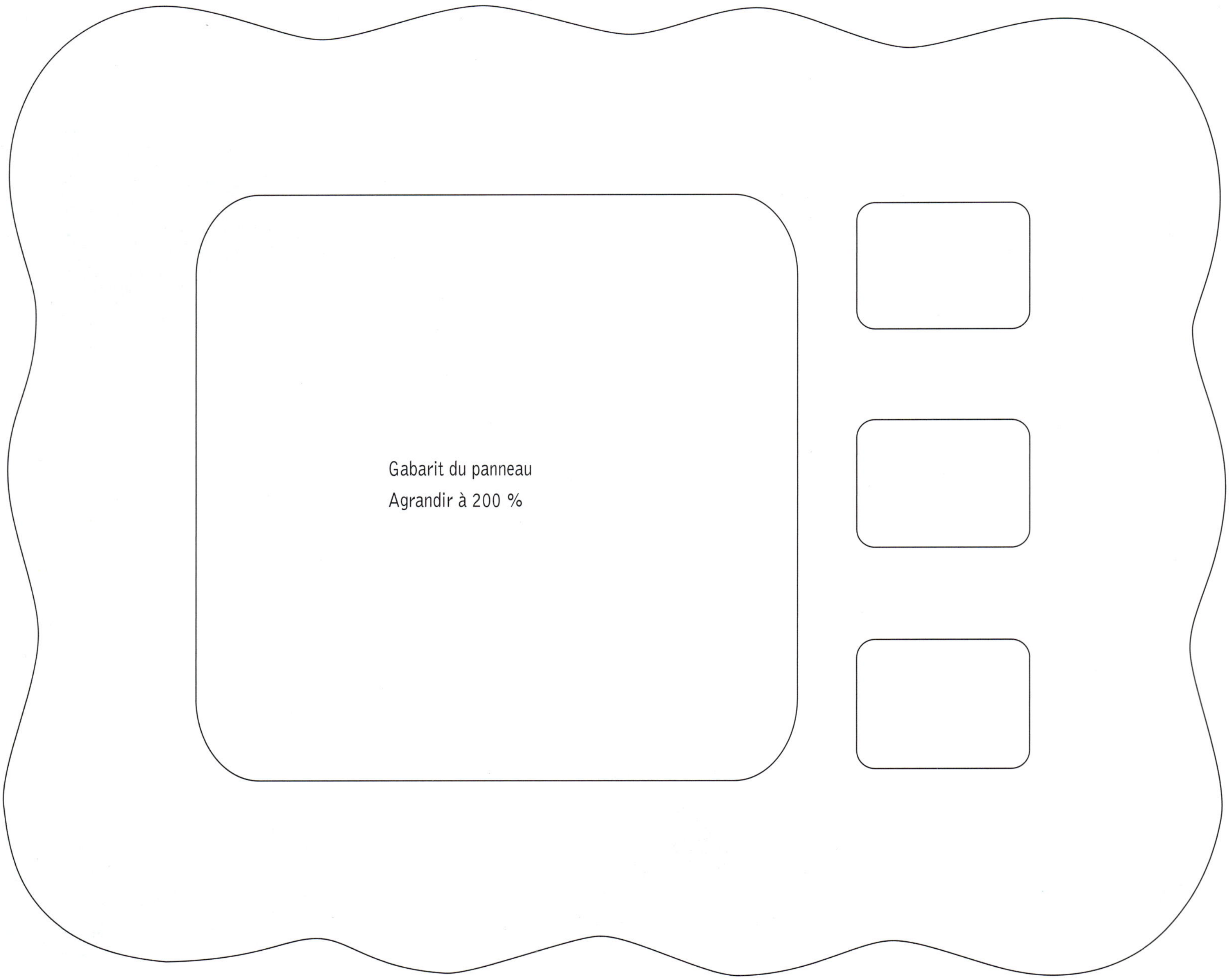

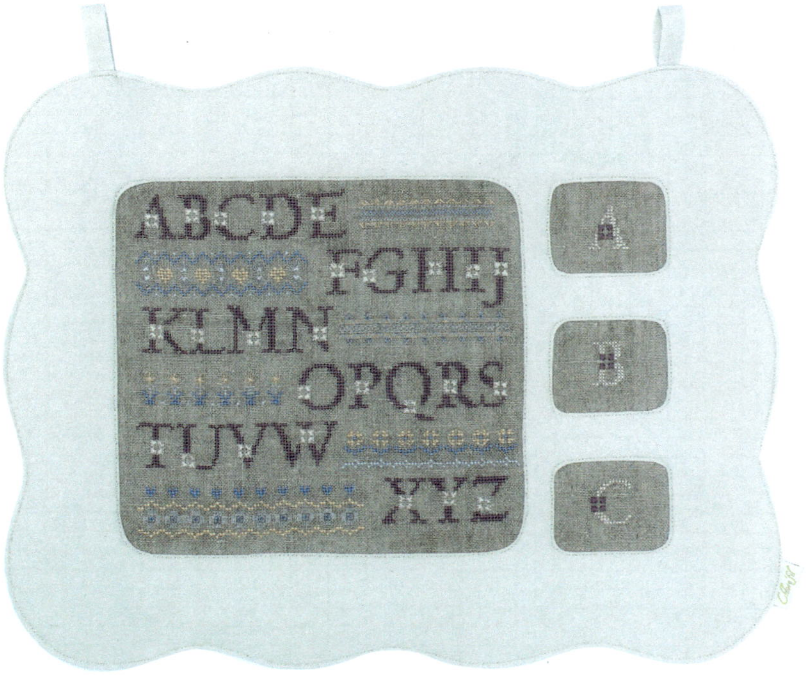

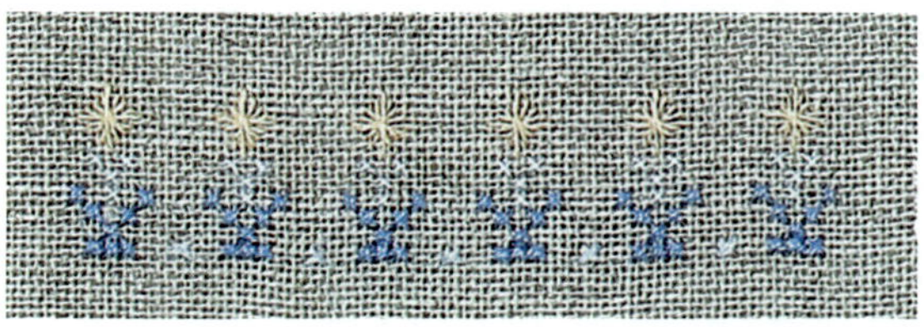

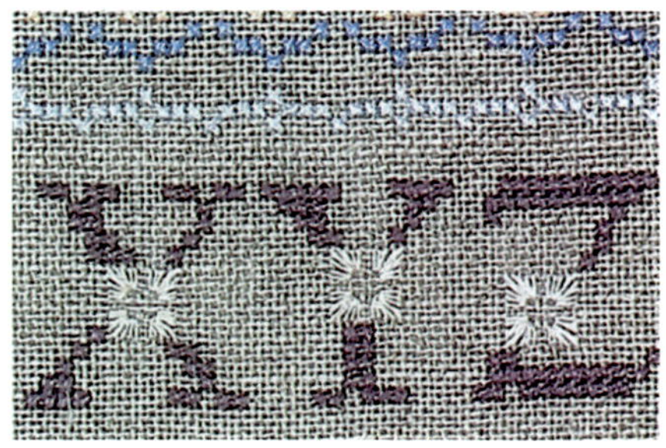

Schéma de montage

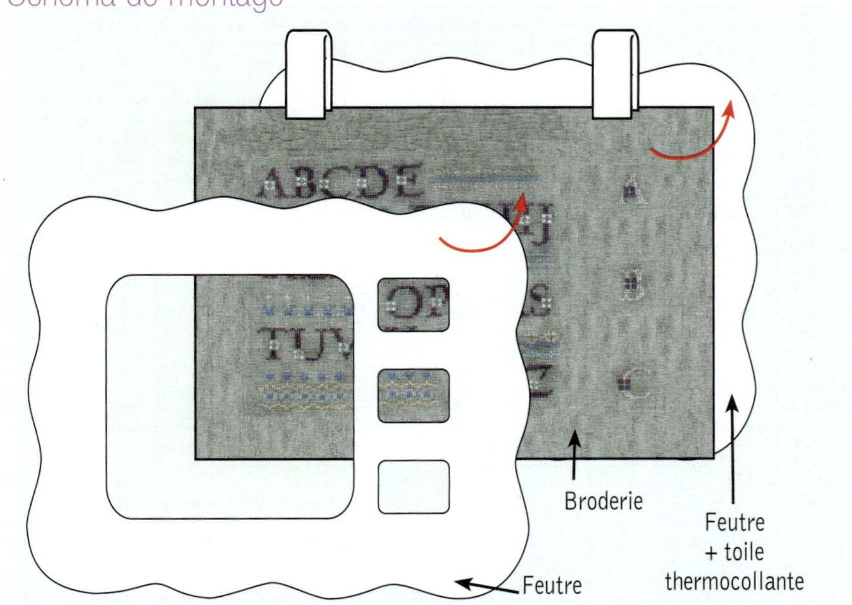

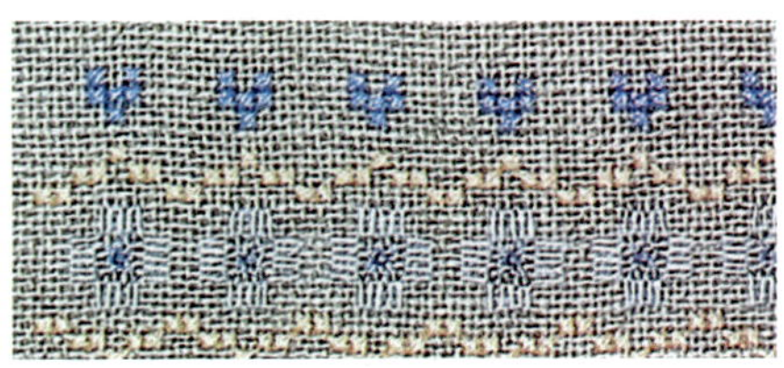

Nombre de points du motif :
122 sur la largeur x 108 sur la hauteur
Dimensions du motif en 6 pts/cm : 20,3 x 18 cm

	DMC Mouliné	DMC Fil Color Variations	Coloris
Pt de croix sur 2 fils			
×	3740		Violet antique
-	3747		Bleu-violet pâle
/	160		Bleu gris
^	3856		Coquille orangé
Pt arrière sur 2 fils			
	3747		Bleu-violet pâle
Quart d'œillet sur 4 fils			
		4150	Beige clair
Pt de chausson sur 6 fils			
	160		Bleu gris
Pt de satin en croix sur 12 fils avec pt d'œillet sur 4 fils			
	160 + 3747		Bleu gris Bleu-violet pâle
Pt de diamant sur 8 fils			
	3856		Coquille orangé
Pt de bourgeon sur 8 fils (version n° 2)			
	160		Bleu gris
Pt de satin en pointe sur 8 fils			
	3856		Coquille orangé
Pt fantaisie sur 8 fils			
	3856 + 160 + 3747		Coquille orangé Bleu gris Bleu-violet pâle

FANTAISIE EN COULEURS

Création Sylvie Brettnacher

Légère comme l'air, cette bannière brodée fait souffler un vent printanier sur la maison. Avec cet ouvrage, amusez-vous à dessiner des points aux reflets pastel, tous plus raffinés les uns que les autres.

Les fournitures

- 30 x 40 cm de toile unifil (12 fils/cm) de Zweigart, référence 3984 Murano, coloris 101 écru
- Coton à broder mouliné de DMC, coloris n° 445 citron pâle, n° 3326 rose tendre, n° 3348 vert pomme clair, n° 3688 violine clair

Dimensions hors encadrement : 18,5 x 31,5 cm

La broderie

Plier le rectangle de toile en quatre pour en déterminer le centre : il se trouve au croisement des deux plis. Placer et broder le motif sur la toile en utilisant 2 brins de coton pour le point de croix et 1 seul brin pour les points spéciaux. *(À noter : le point de croix des fleurs roses de la 4e rangée à partir du haut est réalisé avec 1 seul brin de coton n° 3688.)*

Le travail de broderie terminé, procéder à l'encadrement.

Les points de broderie

- Point de croix sur 2 fils (p. 6)
- Demi-point de croix sur 2 fils (p. 6)
- Point de Rhodes arrondi sur 6 fils (p. 7)
- Point de Rhodes en cœur sur 6 fils (p. 7)
- Point de Smyrne simple sur 4 fils (p. 11)
- Point de Smyrne simple sur 6 fils (p. 12)
- Point de Smyrne sur 4 fils (p. 11) et point de trait
- Quart d'œillet sur 4 fils (p. 8)
- Point d'œillet arrondi sur 8 fils (p. 8)
- Point de satin en diagonale sur 4 fils (p. 10)
- Point de satin en diamant sur 12 fils (p. 11)
- Point d'étoile sur 6 fils (p. 17)
- Point de chausson sur 4 fils (p. 13)
- Point de flèche sur 2 fils (p. 16)
- Point de trait ou point lancé (p. 6)

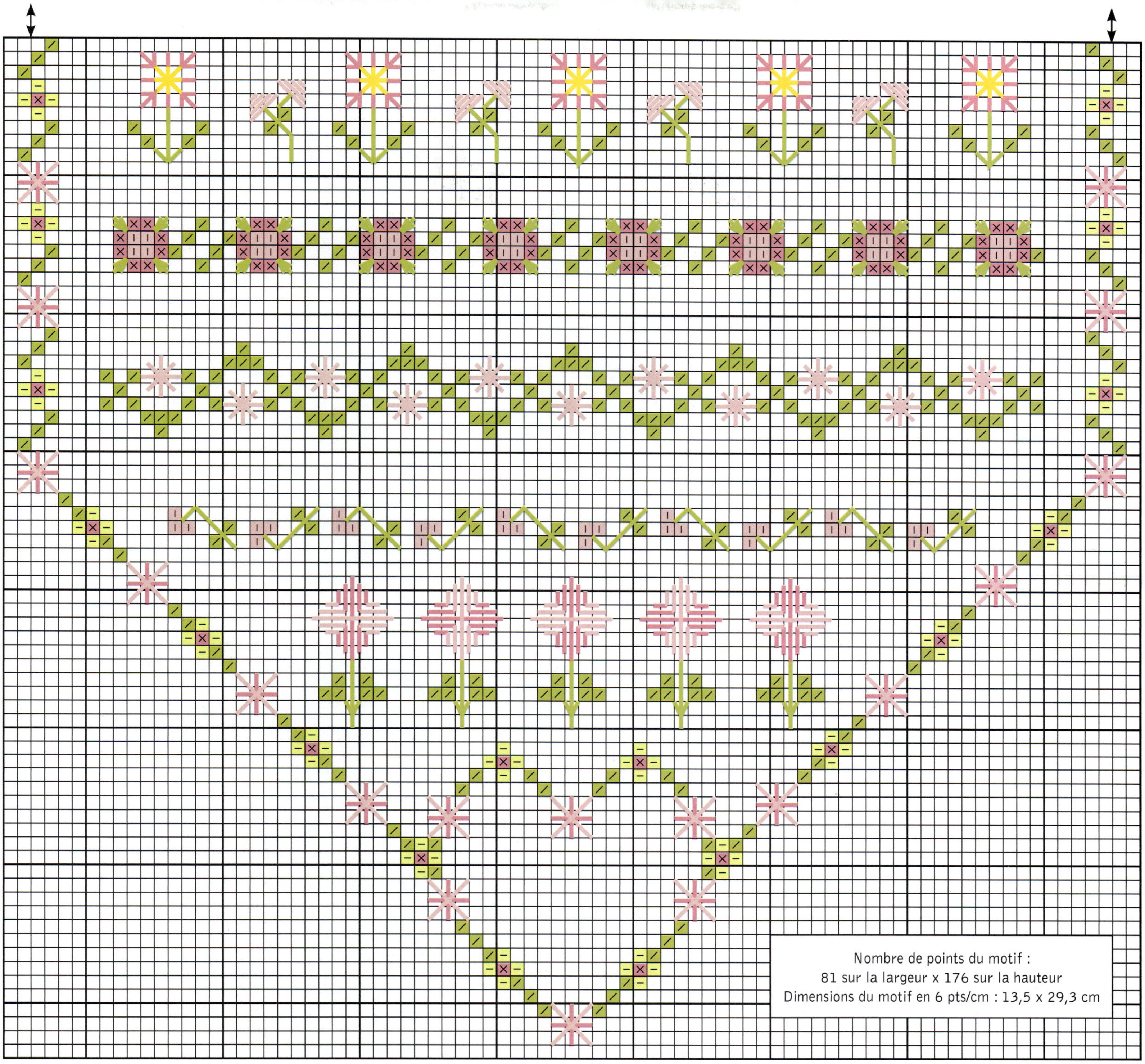

Nombre de points du motif :
81 sur la largeur x 176 sur la hauteur
Dimensions du motif en 6 pts/cm : 13,5 x 29,3 cm

	DMC Mouliné	Coloris
Pt de croix sur 2 fils		
	3326	Rose tendre
	445	Citron pâle
	3348	Vert pomme clair
	3688	Violine clair
Demi-pt de croix sur 2 fils		
	3688	Violine clair
Pt de Rhodes arrondi sur 6 fils		
	3348	Vert pomme clair
Pt de Rhodes en cœur sur 6 fils		
	3326	Rose tendre
Pt de trait ou pt lancé		
	3348	Vert pomme clair

	DMC Mouliné	Coloris
Pt de Smyrne simple sur 4 fils		
	3688	Violine clair
	3326	Rose tendre
	445	Citron pâle
Pt de Smyrne simple sur 6 fils		
	3326 + 3688	Rose tendre Violine clair
Pt de Smyrne sur 4 fils et pt de trait		
	3688 + 445	Violine clair Citron pâle

	DMC Mouliné	Coloris
Quart d'œillet sur 4 fils		
	3688	Violine clair
	3348	Vert pomme clair
Pt de flèche sur 2 fils		
	3348	Vert pomme clair
Pt d'œillet arrondi sur 8 fils		
	445	Citron pâle
Pt de satin en diagonale sur 4 fils		
	3348	Vert pomme clair
	3326	Rose tendre

	DMC Mouliné	Coloris
Pt de satin en diamant sur 12 fils		
	3326 + 3688	Rose tendre Violine clair
Pt d'étoile sur 6 fils		
	3348	Vert pomme clair
	3326	Rose tendre
Pt de chausson sur 4 fils		
	3348	Vert pomme clair

L'ARBRE GÉNÉALOGIQU

Création Sandrine Guédon

Regardez grandir l'arbre de la vie sous votre aiguille... voici toute la famille réunie sur un ouvrage plus particulièrement dédié au ravissant point de poste.

Les fournitures

- 40 x 30 cm de toile de lin (10 fils/cm) de Zweigart, référence 3385 Perlleinen 100, coloris 5339 brique clair
- Coton à broder mouliné de DMC, coloris n° 500 bleu-vert sombre, n° 581 vert fougère clair, n° 725 miel foncé, n° 741 citrouille clair, n° 817 capucine, n° 869 cigare, n° 3078 jaune pâle, n° 3857 pain d'épices foncé
- Coton à broder Effet Lumière de DMC, coloris n° E 898 café foncé brillant
- 33 x 23 cm de carton épais

Dimensions hors encadrement : 33 x 23 cm

Victor
Ferdinand
Henriette
Marie
Papi Maurice
Mamie Christiane
Christian
Camille

La réalisation de la broderie

Plier le rectangle de toile de lin en quatre pour en déterminer le centre : il se trouve au croisement des deux plis. Placer et broder le motif sur la toile en utilisant 2 brins de coton pour le point de croix et les points spéciaux. Seul le point arrière qui permet de broder les prénoms et les dates est réalisé avec 1 seul brin de coton n° 3857. Utiliser pour cela l'abécédaire et les chiffres joints.

Le travail de broderie terminé, tendre simplement la broderie sur un carton épais, ou procéder à l'encadrement.

Les points de broderie

- ❍ Point de croix sur 2 fils (p. 6)
- ❍ Demi-point de croix sur 2 fils (p. 6)
- ❍ Point de nœud (p. 7)
- ❍ Point de flèche sur 2 fils (p. 16)
- ❍ Point arrière sur 2 fils (p. 6)
- ❍ Point de bouclette sur 4 fils (p. 17)
- ❍ Point de Smyrne sur 4 fils (p. 12)
- ❍ Point de poste (p. 18)

À noter

Pour placer les prénoms et les dates bien au centre des cartouches : les prénoms doivent être brodés sur la ligne bleue et les dates sur la ligne rouge. Si les dates ne sont pas connues, broder uniquement les prénoms, sur la ligne orange.

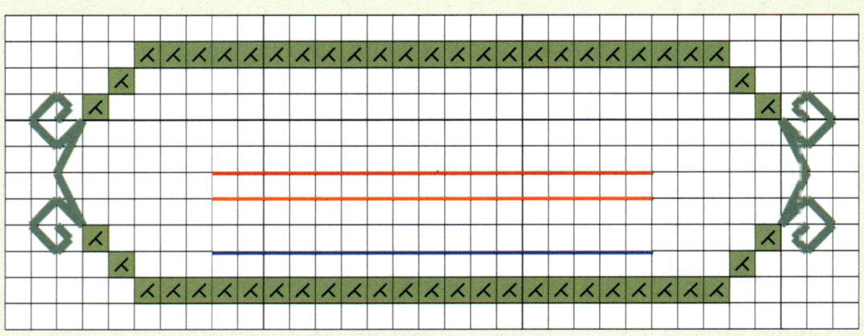

Schéma de placement des prénoms et dates de l'arbre généalogique

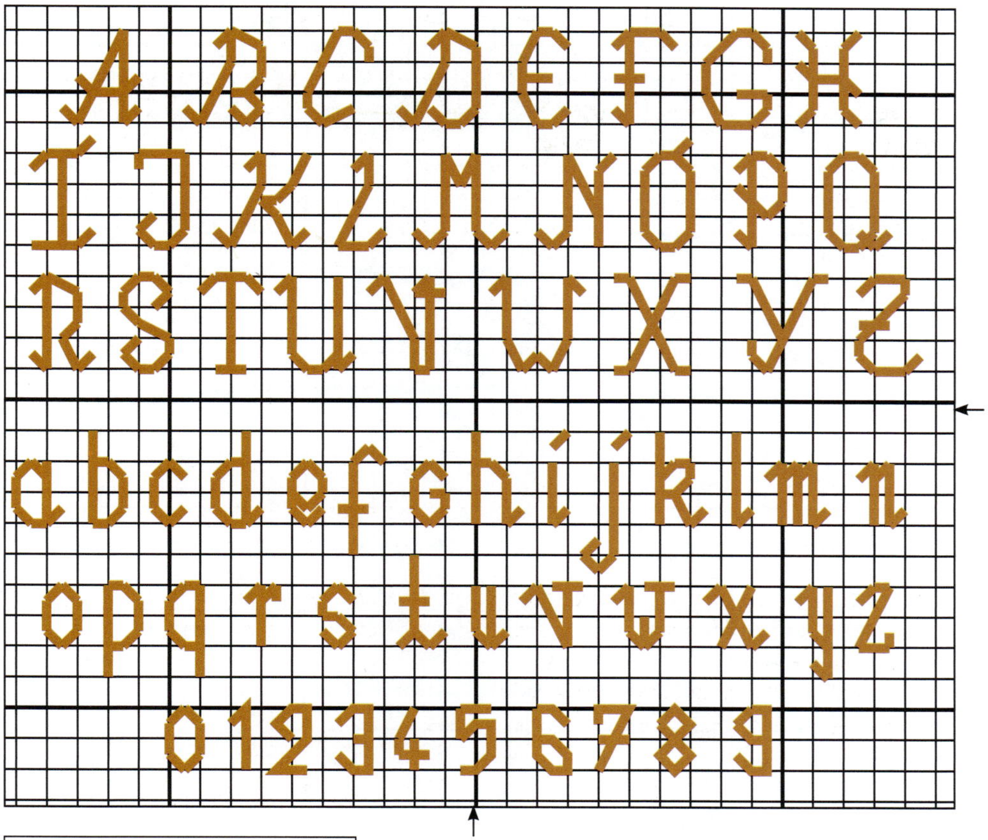

PA	DMC Mouliné	Coloris
▬	3857	Pain d'épices foncé

	DMC Mouliné	DMC Effet Lumière	Coloris
Pt de croix sur 2 fils			
	869		Cigare
	500		Bleu-vert sombre
	581		Vert fougère clair
	817		Capucine
	725		Miel foncé
	741		Citrouille clair
		E 898	Café foncé brillant
Demi-pt de croix sur 2 fils			
	869		Cigare
Pt de nœud			
	741		Citrouille clair
	817		Capucine
	3078		Jaune pâle
	725		Miel foncé

	DMC Mouliné	DMC Effet Lumière	Coloris
Pt de flèche sur 2 fils			
	741		Citrouille clair
	817		Capucine
	3078		Jaune pâle
	725		Miel foncé
Pt arrière sur 2 fils			
	500		Bleu-vert sombre
Pt de bouclette sur 4 fils			
	3078		Jaune pâle
Pt de Smyrne sur 4 fils			
	817		Capucine
	3078		Jaune pâle
Pt de poste			
	817		Capucine
	741		Citrouille clair

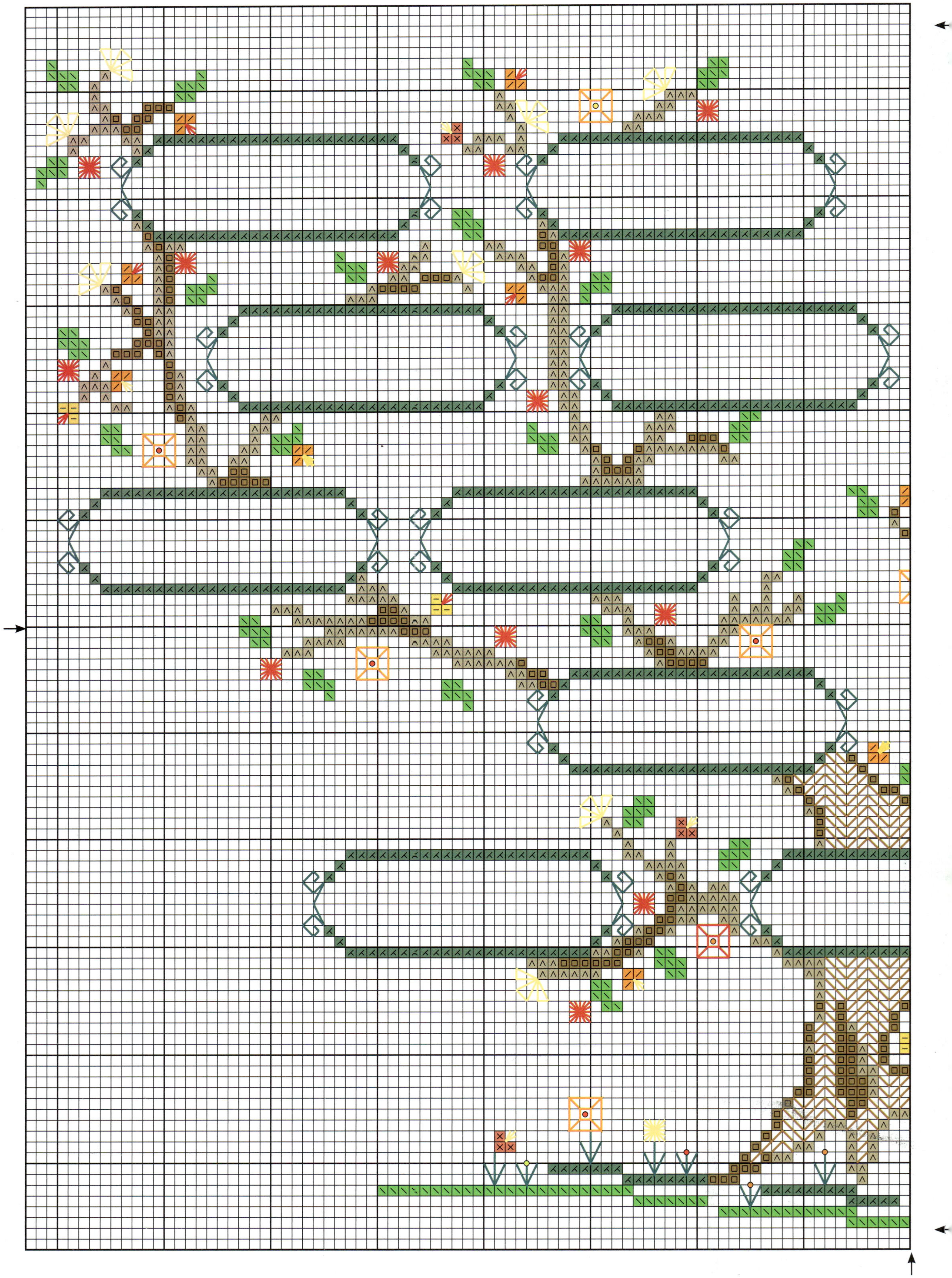